Hei –

willkommen in Norwegens Süden! Ein wenig beneide ich Michael Möbius schon, schließlich lebt er in einem der landschaftlich reizvollsten Länder Europas. Und in einem der unberührtesten. Wann immer ich ihn zu erreichen versuche, ist er garantiert auf irgendeinem Fernwanderweg unterwegs. Er kennt sie alle, Norwegens tolle Trekkingrouten, und stellt in diesem Band die schönsten im Süden des Königreichs vor. Außerdem hat er großartige Paddeltouren parat, schauen Sie mal auf S. 99!

RAUS AUS DER NATUR, REIN IN DIE STADT

Klar, dass dieses Land mit seiner Wald- und Wasserwildnis viele Outdoorfans begeistert. Sie können Südnorwegen aber natürlich auch gut mit dem Auto erkunden – auf einer der ausgewiesenen Touristenstraßen: Auf S. 94/95 haben wir traumhaft schöne Reiserouten für Sie zusammengestellt.
Und die Städte? Oslo und Bergen sind die wichtigsten in Norwegens Süden, Bergen gilt als die schönste des Landes. Aber ich war auch sehr überrascht, als ich vor kurzem wieder nach Oslo kam – die Stadt hat sich seit meinem letzten Besuch gewaltig zum Positiven verändert. Für Michael Möbius ist sie jetzt die attraktivste und grünste Kapitale Skandinaviens. Aber sehen und lesen Sie selbst!
Herzlich

Ihre

Birgit Borowski

Birgit Borowski
Redaktion DUMONT Bildatlas

Für unseren Autor Michael Möbius ist Norwegen zur zweiten Heimat geworden: Er lebt zeitweilig im Jostedal und entflieht nur im Winter in südlichere Gefilde.

Der Fotograf Udo Bernhart (links) hat Norwegen schon mehrfach bereist. Immer wieder fasziniert ihn das besondere Licht des Nordens. Und die vielen landschaftlichen Höhepunkte begeistern ihn – vor allem so schwindelerregende wie der Preikestolen.

54

Südliches Fjordland: Bergen gilt als die schönste Stadt Norwegens.

22

Das Norwegen von einst wird auf der Museumshalbinsel Bygdøy bei Oslo lebendig.

40

Seelenbalsam an der Südküste: eine Fahrt auf dem Telemarkkanal

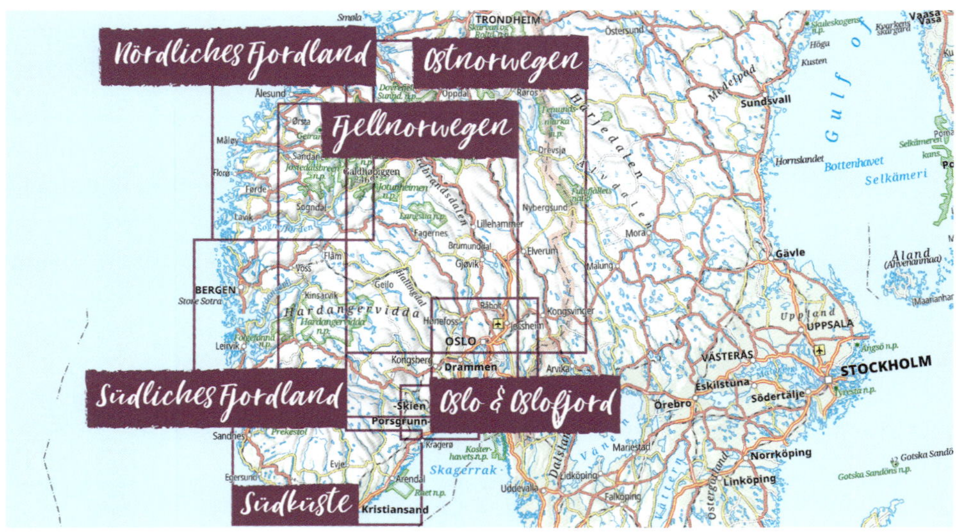

Das Beste erleben

Berührend, aufregend und spannend …
sind unsere Ideen, die wir für Ihren Aufenthalt
in Südnorwegen zusammengetragen haben.

Große Kunst

*** 1 ***

OPERNHAUS OSLO

Das 2008 erbaute Opernhaus gehört zu den architektonischen Höhepunkten der norwegischen Hauptstadt.

Seite 37

*** 2 ***

VIGELAND-ANLAGE OSLO

Gustav Vigeland stellt in 212 Figuren den gesamten Lebenszyklus des Menschen dar. Größte Skulptur ist der 17 Meter hohe Monolith aus 121 verschlungenen Körpern.

Seite 37

*** 3 ***

NATIONALMUSEUM

Das 2022 neu eröffnete Nationalmuseum in Oslo ist das größe Kunstmuseum Skandinaviens.

Seite 37

Reizvolle Historie

*** 4 ***

BERGEN – HAFENVIERTEL BRYGGEN

Der Besuch des ehemaligen Hanseviertels von Bergen ist ein Gang durch eine mehr als 700 Jahre alte Geschichte.

Seite 71

*** 5 ***

STABKIRCHE URNES

Nicht nur die Schnitzereien dieser ältesten Stabkirche der Welt sind von einzigartiger Schönheit.

Seite 83

*** 6 ***

RØROS

Der Ortskern dieser alten Erzstadt präsentiert sich mit seiner geschlossenen altertümlichen Bebauung als ein wahres Kleinod.

Seite 99

10

1

7

11

4

Schwindelnde Höhen

*** 7 ***

PREIKESTOLEN

Norwegens berühmtester Aussichtspunkt, von dem aus der Blick 604 m in den Lysefjord hinunterfällt, ist immer eine Wanderung wert.

Seite 69

*** 8 ***

TROLLSTIGEN

Die berühmteste Gebirgsstraße des Landes entführt ins luftige Reich der Wolken.

Seite 84

5

Grüne Wunder

*** 9 ***

NÆRØYFJORD

Eine Bootsfahrt über diese 17 Kilometer lange und teils nur bis zu 250 Meter schmale „Fjordklamm" zählt zu den Top-Highlights ganz Europas.

Seite 83

*** 10 ***

NIGARDSBREEN

Der Besuch der Gletscherzunge des Jostedalsbreen ist ein unvergessliches Erlebnis selbst dann, wenn kein Eisgang geplant ist.

Seite 83

*** 11 ***

GEIRANGERFJORD

Dieser Fjord, von bis über 1000 m hoch aufragenden Felswänden gesäumt, ist wohl der berühmteste der Welt. Bei einer Fjordtour passiert man auch die spektakulären Wasserfälle, die „Sieben Schwestern".

Seite 84

VORREITER IM NATURSCHUTZ

Selbst in Norwegen, das in weiten Teilen fast unberührt ist, werden die Wildnisgebiete zusehends beschnitten. So ist die Existenz von Nationalparks eminent wichtig. Hier findet man Freiheit, Ruhe und Einsamkeit, so beispielsweise im Femundsmarka-Nationalpark bei Elgå.

MADAM FELLE
BRYGGEN NIGHTCL
43

KÖNIGIN AM FJORD

Die ehemalige Hansestadt Bergen gilt als schönste Metropole des Landes und als Stadt mit dem meisten Flair. Auch ihre Sehenswürdigkeiten zählen zu den bedeutendsten im Norden – allen voran das einstige Hanseviertel Bryggen, von der UNESCO zum Weltkulturerbe erklärt.

MIDNATSOL

DER WEG NACH NORDEN

Die berühmte Postschiffreise entlang der norwegischen Küste bietet vollendeten Reisegenuss. Sie führt an zwölf Tagen von Bergen in Westnorwegen über Molde (Foto) nach Kirkenes im Nordosten und wird als die „schönste Seereise der Welt" bezeichnet.

MAL WILD, MAL LIEBLICH

Eine Reise ins mal wilde, mal liebliche Fjordland führt Sie in die Seele des Königreichs. Eine Landschaft, die immer wieder neue herrliche Ausblicke bereithält, hier der Aurlandsfjord mit Aurland vom Aussichtspunkt Stegastein aus.

EIN WINTERMÄRCHEN

Statt Après-Ski, Schlangen vor den Skiliften und Loipenstaus bietet „die Wiege des Skisports" Erholung, Entspannung und Schneesicherheit. Mehr als 200 Wintersportorte locken mit Langlaufloipen, Abfahrtspisten, Rodeln, Schlittschuhlaufen und Hundeschlittentouren (Foto: auf dem Ustedalsfjorden bei Geilo).

RIVIERA AM SKAGERRAK

Norwegens Klima ist besser als sein Ruf. Badegäste finden an der sonnenverwöhnten Skagerrak-Küste herrliche Sandstrände, ausgedehnte Schärengürtel und unzählige beschauliche Ferienorte (Foto: Schäreninsel bei Risør).

Besondere Hotels

WOHNEN WIE ANNO DAZUMAL

Aus der „guten alten Zeit“ sind in Norwegen einige einzigartige Herbergen erhalten. Dabei hat jedes dieser Belle-Epoque-Häuser seinen charakteristischen Stil und Charme, doch gemeinsam sind allen ein historisches Ambiente, eine gemütliche, niemals aufgesetzte Atmosphäre und eine Lage, die schlicht unvergleichlich ist.

5

1 Märchenklasse am Fjord

Die Sonne blinzelt ins Himmelbett, Rosenduft weht ins Zimmer, und vor dem Fenster ertrinkt der Fjord in goldenem Licht … Das Erwachen im Walaker Hotel ist märchenhaft. Überhaupt hat in diesem über 300 Jahre alten Traditionshotel, das sich bereits seit neun Generationen in Familienbesitz befindet, alles Märchenklasse. Es ist das älteste Hotel von Norwegen, mit seinen Zimmern im Empire-, Louis-XIV.-, Barock- oder Rokokostil auch das gemütlichste. Und laut Umfragen dazu das beliebteste, nicht zuletzt wegen der grandiosen Fjordlage.

Walaker Hotel
6879 Solvorn
Tel. 57 68 20 80
www.dehistoriske.com
www.walaker.com

2 Phantasia-Prachtbau

In Norwegen gibt es Häuser, deren Fenster, Türen und Balkone so reich verziert sind wie Spitzendeckchen. Dieser sogenannte Drachenstil kam Ende des 19. Jahrhunderts in Mode. Seine Ornamentik ist der altnordischen Kunst entlehnt. Als landesweit bestes Beispiel dieser nationalromantischen Bauphase gilt das Dalen Hotel (1894), eines der prachtvollsten des Nordens überhaupt.

Dalen Hotel, 3880 Dalen
Tel. 35 07 90 00
www.dalenhotel.no
geöffnet Mitte April bis Mitte Dez.

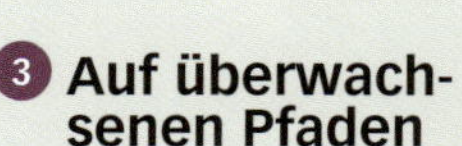

3 Auf überwachsenen Pfaden

Im 1838 errichteten Hotel Norge war schon Nobelpreisträger Knut Hamsun mehrmals auf Inspirationssuche zu Gast. Stets bewohnte er die heute noch ganz authentisch eingerichtete Hamsun-Suite. Das charmante Patrizierhaus, das einst unter anderem den spanischen König Alfonso XIII. beherbergte, hat seinen ursprünglichen Stil und seine Atmosphäre erhalten können und entspricht dennoch den höchsten Standards für ein modernes Haus.

Hotel Norge, Strandgaten 3
4790 Lillesand
Tel. 37 27 01 44
www.hotelnorge.no

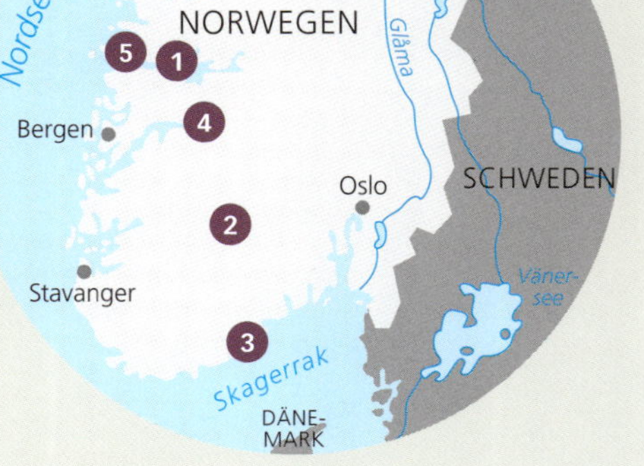

4 Schmuckstück mit Patina

Im Utne Hotel stammen alle architektonischen Details, historischen Haushaltsgegenstände und die gesamte Inneneinrichtung aus dem Gründungsjahr 1722. Damit ist der malerische Prachtbau in Weiß nach dem Walaker das älteste Hotel des Landes. Es ist herrlich, in einem der 15 edlen Zimmer zu wohnen, im festlichen Speisesaal zu schlemmen oder auch nur im Garten auf der Terrasse eine Tasse Kaffee zu trinken.

Utne Hotel, 5778 Utne
Tel. 53 66 64 00
www.utnehotel.no

5 Zwischen Fjell und Fjord

Wasser, Berge, Schnee und Gletscher sind die Hauptdarsteller in Fjærland. Dessen wird man nirgends besser gewahr als im Turmzimmer des Mundal, von dessen Balkon aus sich fast ein 360-Grad-Panorama bietet. Der 1891 im Drachenstil errichtete Prachtbau könnte die perfekte Kulisse für einen Märchenfilm à la „Cinderella“ abgeben.

Hotel Mundal
6848 Fjærland
Tel. 91 90 99 90
www.hotelmundal.no
wegen Renovierung bis auf Weiteres geschlossen

6 Die Mischung macht's

Mit einem klassischen Hotel hat der aus dem 17. Jahrhundert stammende Erzscheidergården nichts gemeinsam, denn statt konventioneller Standards werden hier individuell eingerichtete Zimmer geboten. Mal durchgestylt und mit schickem Design bestückt, mal mit Bauernbett und Blockbauwänden, hier edel elegant, dort urig-rustikal. Das Frühstück ist eine Sünde wert, alle Sehenswürdigkeiten liegen in der Nähe. Eine würdige Bleibe in einer Stadt, die UNESCO-Weltkulturerbe ist.

Erzscheidergården
Spell Olaveien 6
7374 Røros
Tel. 72 41 11 94
https://erzscheider gaarden.no

Oslo und Oslofjord

*

NORDISCHER GLANZ

*

Hell funkelt der weite Halbkreis des Oslofjords in der Sonne. Der Himmel leuchtet unwirklich blau über einem Amphitheater, das hohe Waldkuppen formen. Womöglich ist die kleinste und grünste Kapitale Skandinaviens, die sich mit moderner Architektur und viel Kunst soeben neu erfunden hat, auch seine schönste.

Abendlicht spiegelt sich in den Glasfronten des neuen Opernhauses, Oslos Stolz und Wahrzeichen. Gegenüber prunkt wuchtig der ehemalige Hafenspeicher, heute Bürogebäude.

Zentraler Boulevard der Stadt ist die Karl Johans gate, die sich vom Hauptbahnhof zum Schloss zieht, gesäumt von Prachtbauten wie dem Grand Hotel.

ZU EINEM VIERTEL BESTEHT OSLO AUS WASSER, ZU ZWEI WEITEREN VIERTELN AUS WALD UND PARKANLAGEN.

Zu einem Viertel besteht Oslo aus Wasser, zu zwei weiteren Vierteln aus Wald und Parkanlagen, nur der Rest ist bebaut. Genau 20 Minuten fährt die U-Bahn von der City bis in die von Wanderwegen und Langlaufloipen erschlossene Waldwildnis, in der 343 Seen zum Baden einladen. Auch die Strände am und die 40 Inseln im Oslofjord sind wie geschaffen, dem Großstadtleben zu entkommen, und es spricht für sich, dass Angler am Hafenbecken erfolgreich die Rute aushängen und Forellen zuhauf aus der Akerselva ziehen – Oslos größter Fluss ist noch an seiner Mündung so klar wie Glas. Sogar im Zentrum kann man hier, wo Parks und Grünanlagen das Stadtbild prägen, den Puls der Nord-Natur fühlen.

COOLES OSLO

Zum guten Leben gehört natürlich auch ein gutes Nachtleben: Wer die Nacht zum Samstag und insbesondere Sonntag in Oslo verbringt, wird feststellen, dass die Stadt nicht schläft. Vor 23.00 Uhr ist so gut wie nichts los, später und bis in den frühen Morgen dafür umso mehr. Mit exzessiver Hingabe wird hier die Nacht gefeiert und getanzt, in unzähligen Bars und Clubs und Discos und auf Kneipentischen. Diese überschäumende Lebensfreude spiegelt auch die Hauptstadtszene in den zahlreichen Ausgehvierteln von Oslo wider, vor allem in Grünerløkka, einem Alternativ- und Künstlerviertel oberhalb des Zentrums. Bars und Kneipen gruppieren sich um grüne Plätze und farbenfroh getünchte Altbauten. Ein wenig sieht es hier nach Berlin aus, und auch flussabwärts der Akerselva im Grønland-Viertel verbreiten Pubs und Bars ein durchweg lockeres Flair. An der schicken Karl Johans gate laden vor allem Bars ein, hinter dem Dom am Stortorvet finden sich trendige Jazz- und Bluesclubs, während das gut situierte Publikum im Westend-Viertel Majorstua die Nacht abtanzt und ein bunt gemischtes Publikum aller Altersklassen die Kneipen, Pubs und Bars von Tjuvholmen und der Aker Brygge belebt. Der Abwechslung sind keine Grenzen gesetzt, außer vielleicht die des eigenen Geldbeutels …

EINE STADT SIEHT GRÜN

Faktoren wie Durchschnittseinkommen, Lebenserwartung und Bildungsniveau zeigen, dass es sich in kaum einer Metropole so gut leben lässt wie in Oslo, wo Natur, Kultur und großstädtisches Ambiente zu einer attraktiven Mischung vereint sind. Doch damit nicht genug, ist Oslo, von der EU-Kommission zur „Umwelthauptstadt Europas 2019“ gewählt,

Oslo: Mitglied der Königlichen Garde an der Festung Akershus (links), Nationaltheater (rechts)

Blick auf die wuchtigen Doppeltürme des Rathauses (1931–1950). Unterm Backsteinkleid verbirgt sich Beton.

Die lebensfrohe Karl Johans gate endet am Königlichen Schloss, das auf einer kleinen Anhöhe thront. Zur Zeit seiner Erbauung 1825–1848 befand es sich noch außerhalb der Stadtgrenze.

Oslo präsentiert sich mit zahlreichen Architekturprojekten, u.a. dem Barcode-Projekt (rechts), als moderne Kapitale des Landes. Unten: Ein- und Durchblicke in den Gassen der Stadt

Opernhaus (unten links und oben): Mit seinen Abmessungen von 207 mal 110 Metern stellt es das größte bauliche Kulturprojekt dar, das Norwegen je gewagt hat.

Auch das Astrup Fearnley Museum für zeitgenössische Kunst zählt zu den architektonischen Meilensteinen Oslos.

Aus einem ehemaligen Werftgelände hat sich Aker Brygge zu einem angesagten Viertel mit vielen Lokalen und Shops entwickelt.

TJUVHOLMEN MAUSERTE SICH VOM SCHMUDDELIGEN HAFENVIERTEL ZUR STADTLANDSCHAFT DER SUPERLATIVE.

im inneren Zentrum längst weitestgehend autofrei. Eine weltweit bislang einzigartige Maßnahme, mit dem Ziel, Oslos Emissionen bis zum Jahr 2030 um satte 95 Prozent zu senken. Lebensqualität und Umweltschutz stehen hier, wie in ganz Norwegen, wo ab 2025 nur noch emissionsfreie Neuwagen zugelassen werden, an allererster Stelle, und schon jetzt ist Oslo die Welthauptstadt der E-Mobilität.

NACHHALTIGKEIT ZÄHLT

Beispielhaft für das tief verwurzelte Umweltbewusstsein ist das Vulkan-Viertel auf einem ehemaligen Industriegelände am Fluss Akerselva. Im Masterplan war Nachhaltigkeit das grundlegende Prinzip. Die modernen Gebäude, deren Fassaden teils durch aufwendige Solarsysteme geprägt sind, zeigen Passion für eine umweltfreundliche Architektur, während das gesamte Viertel durch vor Ort gewonnene erneuerbare Energie versorgt wird: Wärmepumpen verteilen heißes Wasser aus 50 eigenen Geobrunnen. Selbst die Energie von Aufzügen und Kühlräumen wird zurückgewonnen. Und um die Einwohner mit regionalen und ökologischen Lebensmitteln zu versorgen, bekam der grüne Stadtteil eine Markthalle in einer aufwendig restaurierten Fabrik aus dem 19. Jahrhundert. So entstand aus einem gestern noch verwahrlosten Problemviertel ein humaner Ort und Treffpunkt, der sich voller Stolz als „kleine grüne Stadt in der Stadt mit dem grünen Herzen“ bezeichnet.

FUTURA AM FJORD

„Stadtviertel der Kunst“ ist sprechende Bezeichnung für Tjuvholmen, den jüngsten und architektonisch vielleicht kreativsten Spross unter Oslos Stadtvierteln: Die an der Front zum Oslofjord gelegene Insel wurde mit Milliardenaufwand von einem schmuddeligen Hafenviertel in eine Stadtlandschaft der Superlative verwandelt. Ihr Herzstück ist das Astrup Fearnley Museum für moderne Kunst, geplant von Stararchitekt Renzo Piano. In der Umgebung begegnet man auf Schritt und Tritt Installationen, die zum Schmunzeln oder Nachdenken anregen. So etwa die Plastik „Mit einem Fuß im Grab“, bestehend aus einem Riesenturnschuh in Blau, der die Decke des Parkhauses von Tjuvholmen durchbricht. Monumentale Glasfronten öffnen sich an Kanälen, Plätzen und Innenhöfen zu Galerien, damit Passanten beim Bummeln stets in engem Kunstkontakt bleiben. Selbst am Badestrand hinter dem Museum ist ein zum Klettern gedachter Skulpturenpark ein natürlicher Teil des Freizeitlebens.

Bygdøy zählt zu den Höhepunkten eines kulturell orientierten Oslobesuchs. Mehrere wichtige Museen teilen sich das Gelände auf der Halbinsel, darunter das Volkskundemuseum und das Wikingerschiff-Museum.

Eines der Glanzstücke im Norwegischen Volkskundemuseum ist die Stabkirche von Gol, die ins Freilichtmuseum gebracht und dort wieder aufgebaut wurde.

Das Wikingerschiff-Museum wird derzeit (bis 2027) zu einem Wikinger-Museum umgebaut. Herzstück des alten und neuen Museums ist das Oseberg-Schiff. Im Torf konserviert, überstand es die Zeiten fast unversehrt. 834 n. Chr. wurde es zum Grab für zwei Wikingerinnen umfunktioniert.

212 Plastiken von Gustav Vigeland zieren den Frogner-Park.

Trachtenträgerinnen im Volkskundemuseum

Special

Kunst

Monumental skulptural

Die Vigeland-Anlage im Frogner-Park ist als ein Glanzstück der Bildhauerkunst weit über die Grenzen Norwegens hinaus berühmt und Oslos beliebteste Attraktion.

Ihr Schöpfer Gustav Vigeland (1869 bis 1943) hinterließ ein umfassendes Werk: Tausende von Skizzen und im Vigeland-Museum ausgestellte Skulpturen, Beiträge zum Restaurierungswerk an Norwegens Nationalheiligtum, dem Nidarosdom zu Trondheim, Porträtbüsten von Bjørnson, Ibsen, Hamsun und vielen anderen. Umstritten ist allerdings sein Lebenswerk, die gigantische Vigeland-Anlage, an der er die letzten 22 Jahre seines Lebens arbeitete. Um die Anlage zu verwirklichen, schloss er mit der Stadt Oslo einen merkwürdigen Vertrag ab: Er vermachte all seine bisherigen Werke der Stadt und forderte als Gegenleistung ein Atelier und die Mittel, die er zur Vollendung seiner Vision benötigte, der Idee eines Parks voller Plastiken, die das menschliche Leben in allen Phasen darstellen sollten. In der gewaltigen Anlage stehen Hunderte von Skulpturen aus Stein, Eisen und Bronze, in deren Mitte ein von 35 Granitgruppen umgebener, fast 17 Meter hoher Monolith aufragt, „zusammengesetzt“ aus 121 ineinander verschlungenen Menschenleibern. Des Künstlers Antwort auf die Frage nach dem Sinn ließ alles offen: „Jeder kann es sich erklären, wie er will.“

Jede Skulptur ein Hingucker

SYMBOLTRÄCHTIGE ARCHITEKTUR

Doch nicht nur auf Tjuvholmen hat sich Oslo mit moderner Architektur und Kunst neu erfunden. Gegenüber, im einst von Containern geprägten Hafenviertel Bjørvika, wächst der spektakuläre Opernbau aus Glas und Carrara-Marmor in Form eines treibenden Eisberges aus dem Wasser des Hafenbeckens. Der vom Architekturbüro Snøhetta entworfene Bau strebt architektonisch eine Symbiose mit der Landschaft an, womit er symbolisch für das Königreich stehen will. Dass die Architekten auf maskuline Formen verzichtet und das Bauwerk ungewöhnlich zugänglich konstruiert haben, kommt nicht von ungefähr, kann und soll man hier doch der Muse über eine weiße Rampe aufs Dach steigen.

Ein Erlebnis ist auch der Gang über die 206 Meter lange Fußgängerbrücke Akrobaten, die sich aus Stahl und Glas von der Oper zum Stadtteil Grønland hinüberschwingt. Sie bietet spezielle Ausblicke gerade auch bei Nacht, wenn die Skyline von Bjørvika namens „Barcode“ als pixelhafte Erscheinung ein weiteres Schauspiel fürs Auge aufführt: Wie ein Strichcode fügen sich die multifunktionalen, lang und schmal am Oslofjord aneinandergereihten Hochhäuser zusammen. Vorbei die Zeit, als niedrige Häuser das Gesicht der Stadt prägten.

Bei Fredrikstad mündet die Glomma, der längste Fluss Norwegens, in den Oslofjord.
Südlich davon erstreckt sich der liebliche Schärenarchipel von Hvaler.

Wo sich der mächtige Oslofjord zum Skagerrak öffnet, liegt die kleine Insel Tjøme. Ihr Südteil wird Verdens Ende genannt, Ende der Welt. Vom Ufer schaut die „Seemannsfrau" aufs Meer (unten). Das Wippfeuer (oben) wurde 1932 als Touristenattraktion erbaut.

AB IN DIE ZUKUNFT

Geradezu tollkühn mutet das Lambda-Projekt an, das seit 2020 Opernhaus und Barcode die Show stiehlt: In Form eines zu Stadt und Fjord hin abgeknickten Glasturms bildet der Bau mit strikt vertikalen Formen einen satten Kontrapunkt zur horizontal ausgerichteten Opera. In diese lichtdurchfluteten Räumlichkeiten ist das Munch-Museum umgezogen, während die 2020 fertiggestellte neue Deichmann-Bibliothek als die modernste und multikulturellste Europas gilt: So hat sie Eingänge aus allen Himmelsrichtungen sowie eine auskragende Glasspitze, um schon von weit her auf sich aufmerksam zu machen. Im Gegensatz dazu strahlt das 2022 neu eröffnete Nationalmuseum von seiner Architektur her Würde, Langlebigkeit und Respekt

NEUE SENSATIONEN SATT PRÄGEN DIE PROMENADE AM FJORDUFER.

aus, weshalb es sich sauber geschnitten und grundsolide in die eher betulich-klassische Kulisse der Uferpromenade am Rathausplatz gut einfügt.

SCHATTEN IM WOHLFAHRTSPARADIES

Wer also Oslo noch von früher kennt, als es eine Stadt nüchterner Architektur war und das „langweilige Aschenputtel" seiner bildhübschen skandinavischen Schwestern, der wird sich angesichts all dieser baulichen Innovationen verwundert die Augen reiben.

Doch wo viel Licht ist, ist auch viel Schatten. In Parks und am Bahnhof, vor den Museen und auf Prachtstraßen wird mitunter gebettelt, was das Zeug hält. Ein Affront, der zeigt, dass es längst nicht allen Menschen gleich gut geht im Wohlfahrtsstaat Norwegen, der zu den reichsten Ländern auf Erden zählt. Relativ schlecht geht es vor allem den Sinti und Roma, die in vergangenen Jahren zu Tausenden in die Stadt gezogen sind

An der schmalsten Stelle des Oslofjords liegt Drøbak (rechts). Die Helleristninger genannten Steinritzungen (Mitte) stammen aus der Bronzezeit (1800–600 v. Chr.) und liegen zwischen Skjeberg und Fredrikstad.

Rund um den Bootshafen von Drøbak lohnt es sich, die Häuser und ihre Zierden genauer anzuschauen.

Das mauernbewehrte Fredrikstad galt als sicherste Festung Skandinaviens. Jenseits der Wälle und Kanonen flaniert es sich gemütlich am Ufer der Glomma.

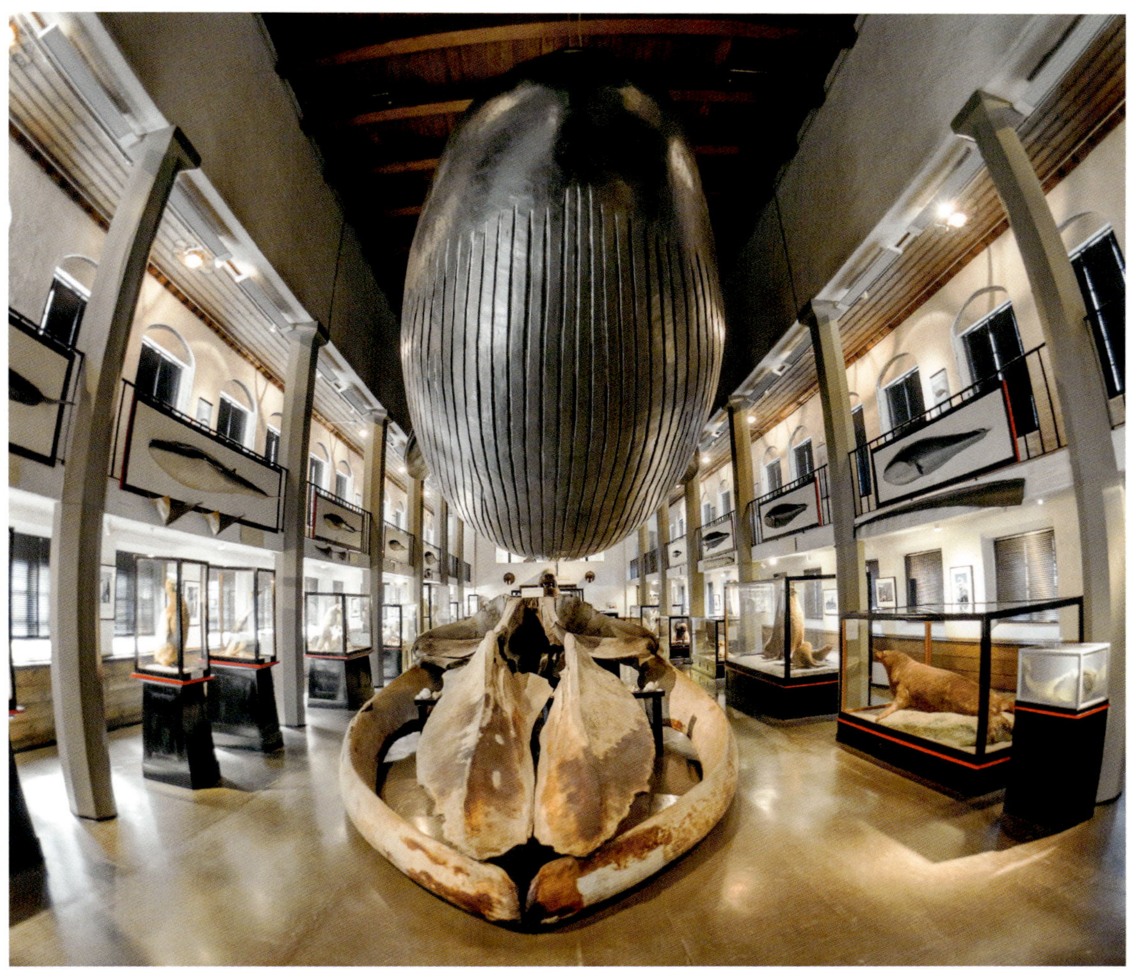

Norwegens Beharren auf den Walfang sorgt heute für erbitterte Diskussionen. In Sandefjords Walfangmuseum hält man die Erinnerung an eine alte Tradition hoch. Die Stadt war einst Stützpunkt der norwegischen Walfangflotte.

und bald feststellen mussten, dass der Sozialstaat nicht für alle da ist.

UMGANG MIT ZUWANDERERN

Viele Norweger – wie auch Deutsche, ja Europäer schlechthin – müssen erst noch lernen, mit dem steigenden Zustrom von Flüchtlingen zu leben.

Seit 2022 sind rund 70 000 Neuankömmlinge allein aus der Ukraine gekommen. Auch 2024 ebbte der Zustrom nicht ab, und laut offizieller Prognosen werden Anfang 2025 wohl gut und gerne 100 000 ukrainische Flüchtlinge in Norwegen leben. In Oslo, wo der Ausländeranteil zurzeit bei rund 30 Prozent liegt, hat man sich Toleranz und Großzügigkeit gegenüber Menschen in Not auf die Fahnen geschrieben. Ganz anders als die Anhänger des norwegischen Pegida-Ablegers, der seit Anfang der Flüchtlingskrise im Jahr 2015 immer wieder zu „Hassmärschen“ in Oslo aufgerufen hat. Mehr als 190 islamophobe Norweger konnte der aus Dresden übernommene Slogan „Wir sind das Volk“ allerdings nie auf die Straße locken. Bei der letzten Veranstaltung dieser rechten Bewegung wurden lediglich noch 28 Teilnehmer gezählt.

EIN VORBILD FÜR DIE WELT

Eingedenk solcher Zahlen möchte man geradezu „Look to Norway“ fordern. Dies auch wegen der 1300 jungen norwegischen Muslime, die 2015 ein bislang einzigartiges Zeichen gegen Terror und für Solidarität setzten und in Oslo einen „Friedensring“ um die Synagoge zogen. Als symbolischen Schutz, und um ihre Abscheu gegen Antisemitismus zu demonstrieren, der kurz zuvor in Kopenhagen neue „Blüten des Bösen“ getrieben hatte. Da standen sie nun, Juden und Muslime Hand in Hand, lauschten der unter freiem Himmel begangenen jüdischen Sabbatfeier und dem islamischen Kernsatz „Allahu Akbar – Allah ist groß“, mit dem der Oberrabbiner die Zeremonie abschloss. Das hat die Welt noch nie erlebt!

Wale

NORWEGEN IM WAL-KAMPF

Die Bewunderung für die Natur ist in Norwegen Bestandteil der nationalen Identität. So irritiert es umso mehr, dass sich Norwegen formal nicht an das Walfangverbot der International Whaling Commission von 1985 gebunden fühlt und noch immer kommerziellen Walfang betreibt.

Sandefjord, Walfangmuseum: Unvorstellbar, mit welch bescheidenen Mitteln Menschen einst Wale jagten.

Jedes Jahr gibt die Regierung in Oslo eine selbst gesetzte Fangquote bekannt, die den einheimischen Walfängern erlaubt, Jagd auf den sieben bis zehn Meter langen und fünf bis 15 Tonnen schweren Zwerg- oder Minkwal zu machen. Dieser wurde in der Zeit des „großen Walschlachtens" im 19. und frühen 20. Jahrhundert weitgehend verschont, da er als kommerziell weniger wertvoll galt als die übrigen Großwale. Während diese nahezu ausgerottet wurden, ist der Zwergwal der einzige Bartenwal, der zur Mitte des 20. Jahrhunderts noch relativ häufig war.

Doch als man auf die Großwale in den 1960er-Jahren nahezu einen Nachruf verfassen musste, stieg man auf die Jagd nach Zwergwalen um. Von diesem Zeitpunkt an bis zum Walfangmoratorium von 1985 wurden jährlich rund 2000 Exemplare erlegt. Heute gibt es im Nordatlantik laut WWF-Schätzungen wieder etwa 100 000 Zwergwal-Individuen. An dieser Zahl orientiert sich Norwegens aktuelle jährliche Fangquote. Auch wenn ihr Bestand zurzeit als stabil gilt, werden sie von der Weltnaturschutzunion IUCN dennoch unter der Kategorie „Gefährdung anzunehmen" geführt.

JAGD TROTZ ABSATZPROBLEMEN

Diese Fangquote, die auch die Jagd auf trächtige Walkühe erlaubt, ist umso absurder, als es in Norwegen heute keinen Markt mehr für Walfleisch gibt. Mit der steigenden Information über die extrem hohe Schadstoffbelastung des Walfleischs – unter anderem mit Quecksilber und PCB in solchen Konzentrationen, dass Walkadaver als Sondermüll entsorgt werden müssen – ist auch dessen Beliebtheit gesunken. Laut einer Umfrage von 2010 haben zwar 80 Prozent der Norweger schon einmal Walfleisch probiert, aber nur fünf Prozent essen es regelmäßig. Die Lagerhallen quellen entsprechend über.

So nimmt es auch nicht wunder, dass in den letzten Jahren die selbst genehmigten Fangquoten nicht einmal zur Hälfte erreicht wurden und die norwegische Walfangflotte von 35 Schiffen auf derzeit neun Schiffe geschrumpft ist.

Die technische Aufrüstung der Walfangflotten zog die radikale Dezimierung der Bestände nach sich (Walfangmuseum Sandefjord, oben).

1157 der eindrucksvollen Zwergwale (links) durften in Norwegen 2024 erlegt werden. Das Interesse der Norweger am hochsubventionierten Walfleisch ist indes gering.

TEUER BEZAHLT

Norwegen bezahlt seinen Walfang mit enormen Zuschüssen – und mit Prestigeverlust. Er wird dennoch nicht abgeschafft, gilt er doch als Sache nationaler Identität und Tradition. Man will sich nicht in seine Fischereirechte hineinreden lassen (was die EU oft genug versucht hat). Ein Nachgeben beim Walfang könne schließlich als der Beginn eines Einknickens beim Aushandeln der Fischfangquoten generell gedeutet werden, erklärt der Meeresbiologe und Walspezialist von Greenpeace Deutschland, Thilo Maack.

Fakten

Walfang
genehmigte jährliche Fangquote: 1157

von norwegischen Walfängern getötete Zwergwale
2024: 414
2023: 507
2022: 580
2021: 577
2020: 503

Zwergwal/Minkwal
(Balaenoptera acutorostrata)
ca. sieben bis zwölf Meter lang, bis zu zehn Tonnen schwer, maximal 50 Jahre alt

OSLO
SMESTAD
Maßstab 1:20.000
300m
Oslofjorden
Frognerkilen
Pipervika
Bjørvika
FROGNER
MAJORSTUA
BRISKEBY
HEGDE-HAUGEN
ADAMSTUEN
ILA
SKILLEBEKK
FILIPSTAD
VIKA
BJØRVIKA
TØYEN
KAMPEN
SKØYEN
Frogner - parken
Vestre gravlund
Slottsparken
Kirkeveien
Bogstadveien
Pilestredet
Fagerborggata
Bygdøy allé
Henrik Ibsens gate
Drammensveien
Thomas Heftyes gate
Halvdan Svartes gate
Sørkedalsveien
Ullevålsveien
Trondheimsveien
Finnmarkgata
Kjølberggata
Schweigaards gate
Bispegata
Nylandsveien
Frederiks gate
Wergelandsveien
Sognsveien
Suhms gate
Thereses gate
Griffenfeldts gate
St. Olavs gate
St. Halvards gate
Dronning Blancas vei
Jernbanetorget
Nationaltheatret
Stortinget
Majorstuen
Grønland
Drammen
Sarpsborg
Fredrikstad
Porsgrunn
Vestfold og Telemark
Hønefoss
Lillestrøm

NORWEGENS »KLASSISCHE ERDE«

Das Gebiet rings um den 100 km langen Arm des Oslofjords ist heute die am dichtesten besiedelte Zone des Landes und siedlungsgeschichtlich sein ältester Teil. Burggekrönte Städte, Festungswälle und Felszeichnungen, Runensteine und Grabhügel erinnern ans Gestern. Am Ende des Fjords liegt Oslo, Europas Umwelthauptstadt 2019.

Oslo

Die am Oslofjord gelegene Metropole ist die größte Stadt Norwegens, Sitz der Regierung, das bedeutendste Wirtschaftszentrum des Landes sowie auch sein kultureller Mittelpunkt. Gegründet um 1050, wurde Oslo 1299 zur Reichshauptstadt erhoben, verlor aber ab 1380 an Bedeutung und stieg erst ab 1814 wieder zum Kristallisationspunkt der Macht auf. Rund 30 000 Einwohner zählte man in der damals Christiania genannten Stadt. Im 20. Jh. wurde die Talsenke am Oslofjord zu klein, es wuchsen Trabantenstädte ins Land hinaus, um den mittlerweile gut 720 000 Einwohnern der seit 1925 wieder Oslo genannten Metropole Wohnraum zu verschaffen.

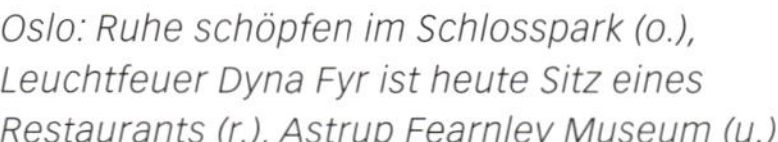

Oslo: Ruhe schöpfen im Schlosspark (o.), Leuchtfeuer Dyna Fyr ist heute Sitz eines Restaurants (r.), Astrup Fearnley Museum (u.)

SEHENSWERT

Erstes Ziel ist die als **Pipervika** bekannte Uferzone zum Oslofjord, entlang dem eine funkelnagelneue Hafenpromenade einige der hochkarätigsten Sehenswürdigkeiten der Stadt verbindet. Die 1 **Festung Akershus** (14. Jh.) lädt hier zu einem Gang durch die Geschichte ein und bietet reichste Aussicht (https://kultur.forsvaret.no, Außenanlage Mai–Sept. tgl. 6.00 bis 21.00, sonst ab 7.00; Führungen Mai–Aug. Mo.–Sa. 10.00–16.00, So. ab 12.00 Uhr). Von der Festung ist es nur ein rund 1,5 km langes Wegstück zum 2 **Opernhaus TOPZIEL** (2008). Es gilt als eines der architektonisch ansprechendsten Bauwerke weltweit (www.operaen.no/en/, Führungen (Mai–Sept.) in Englisch tgl. 12.00, 13.00, 14.00, 15.00, in Deutsch 13.00 und 15.00 Uhr), konkurriert aber seit 2020 mit der neuen **Deichmann-Bibliothek** direkt gegenüber. Unweit vom Burgberg steht das 3 **Rathaus** und vis-à-vis das **Nobel-Friedenszentrum,** das über die Friedensnobelpreisträger informiert (www.nobelpeacecenter.org, Mitte Juni–Aug. tgl. 10.00–17.00 Uhr, sonst Di.–So. 11.00–17.00 Uhr).
Gegenüber ragt der mächtige Steinquader des neuen 11 **Nationalmuseums** (s. Museen) neben der im Stil der Londoner Docklands ausgestatteten 4 **Aker Brygge** auf (www.akerbrygge.no). Angrenzend präsentiert sich 5 **Tjuvholmen** als ein Paradebeispiel zeitgenössischer Architektur (www.tjuvholmen.no). Kernstück dieser Anlage ist das **Astrup Fearnley Museum** für moderne Kunst (s. Museen). Der stadteinwärts verlaufende Prunkboulevard **Karl Johans gate** beginnt am 6 **Königlichen Schloss**, das 1848 im klassizistischen Stil errichtet wurde. Täglich um 13.30 Uhr findet die Ablösung der Palastwachen statt (www.kongehuset.no, Ende Juni–Mitte Aug. Führungen auf Englisch tgl. um 12.00, 12.20, 14.00, 14.20 und 16.00 Uhr). Der Schlosspark führt zum 1861 erbauten 7 **Storting** (www.stortinget.no, im Juli Führungen Mo.–Fr. um 11.15 Uhr). Direkt gegenüber prunkt das ehrwürdige **Grand Hotel** mitsamt dem Grand Café (s. Hotels). Weiter geht es zum 1694–1699 errichteten 8 **Dom**, dessen Inneres von einer monumentalen Gewölbedekoration dominiert wird (www.oslodomkirke.no, Sa.–Do. 10.00–16.00, Fr. 16.00–23.00 Uhr).
30 Minuten dauert von der Stadtmitte/Dom aus die Panoramafahrt mit der U-Bahn-Linie 1 hinauf auf das „Dach der Stadt". Nach einer abschließenden Liftfahrt steht man auf dem Schanzenturm des 9 **Holmenkollen** und genießt eine wahre Bilderbuchaussicht hinunter auf die mehr als 500 m tiefer liegende Stadt. Dank Skisimulator ist auch Besuchern ein Sprung möglich, während das Skimuseum die Skigeschichte nachzeichnet (www.skiforeningen.no/holmenkollen, www.skisimulator.no, Mai–Sept. 10.00–17.00, sonst 10.00–16.00 Uhr). Nordwestlich der Innenstadt liegt der Frogner-Park mit der 10 **Vigeland-Anlage TOPZIEL** und den über 200 eindrucksvollen Skulpturen von Gustav Vigeland (ganzjährig, s. S. 29).

MUSEEN

Das im Juni 2022 neben der Aker Brygge neu eröffnete 11 **Nationalmuseum TOPZIEL** ist das größte Kunstmuseum Skandinaviens. Es vereint das Kunstindustriemuseum, das Museum für Gegenwartskunst und das norwegische Architekturmuseum nebst der Nationalgalerie, und umfasst eine große Dachterrasse, Cafés, einen Shop und die größte Kunstbibliothek im nordischen Raum (www.nasjonalmuseet.no, Di./Mi. 10.00–20.00, Do.–So. bis 17.00 Uhr). Im 2020 neu eröffneten 12 **Munch-Museum** ist das Vermächtnis des Künstlers Edvard Munch (1863–1944) zu sehen (www.munchmuseet.no, Mo./Di./So. 10.00–18.00, Mi.–Sa. 10.00–21.00 Uhr). Der modernen Kunst

gewidmet ist das 5 **Astrup Fearnley Museum**, eines der herausragenden Museen weltweit (www.afmuseet.no, Di., Mi. und Fr. 12.00–17.00, Do. bis 19.00, Sa./So. 11.00 bis 17.00 Uhr).
Nahebei liegt der Anlegekai 3, von wo Fährboote (April–Okt.) zur Halbinsel 13 **Bygdøy** übersetzen. Eines der Highlights dort ist das **Wikingerschiffmuseum**, das zurzeit komplett umgebaut und erst 2027 und dann als Wikingerzeitmuseum wieder eröffnet wird (www.vikingtidsmuseet.no). Das **Norwegische Volkskundemuseum** nebenan ist mit 155 Gebäuden das größte Freilichtmuseum des Landes (http://norskfolkemuseum.no, Mai–Sept. tgl. 10.00–17.00, ansonsten Di.–So. 11.00–16.00 Uhr). Die nächste Station, das **Fram-Museum**, zeigt die konservierte „Fram", die 1892 erbaut wurde, um Fridtjof Nansen zum Nordpol zu tragen (http://frammuseum.no, Mai–Sept. tgl. 09.30–18.00, sonst 10.00–17.00 Uhr). Direkt angrenzend widmet sich das **Kon-Tiki-Museum** den Entdeckungsreisen von Thor Heyerdal (www.kon-tiki.no, Juni–Aug. tgl. 9.30–18.00, Mai 10.00–18.00, sonst 10.00–17.00 Uhr). Das **Norwegische Maritime Museum** stellt die Geschichte der norwegischen Seefahrt dar (https://marmuseum.no, tgl. 10.00–16.00 Uhr).

HOTELS

Das **€€€€ Grand Hotell** (Karl Johans gt. 31, Tel. 23 21 20 00, https://grand.no), ein edler Schmuckbau aus dem 19. Jh. in allerbester Lage und mit höchstem Komfort, ist eine der ersten Adressen Norwegens.
Beim **€€– €€€ Anker Hotel & Apartment** (Storgt. 55, Tel. 22 99 75 00 und 22 99 30 00/ Apt., https://anker-hotel.no, https://ankerapartment.no) handelt es sich um ein zentrumsnahes Mittelklassehotel mit ruhigen, etwas steril wirkenden Zimmern. Die Apartments sind zwar minimalistisch, aber mit Kitchenette ausgestattet.
Das beim Schlosspark gelegene **€€ Cochs Pensjonat** (Parkveien 25, Tel. 23 33 24 00, www.cochspensjonat.no) bietet 88 renovierte minimalistische Zimmer, teils mit Kitchenette.

Tipp

Zu Hause beim Weihnachtsmann

Im Städtchen Drøbak, 38 km südöstlich von Oslo gelegen, ist der in Norwegen Julenisse genannte Weihnachtsmann zu Hause. Er residiert im Weihnachtshaus (Tregården's Julehus) am Marktplatz. Dort werden ganzjährig kunsthandwerkliche Weihnachtsgeschenke verkauft, auch für Kinder gibt es reichlich zu schauen. Und wer dem Julenisse schreibt, dessen Brief wird garantiert beantwortet und mit einem speziellen Julenisse-Stempel versehen.

Weihnachtshaus:
Mo.–Fr. 10.00–17.00, Sa. bis 15.00 Uhr
http://julehus.no
Brief an Julenisse:
Tregården's Julehus
Havnebakken 6, 1440 Drøbak

Oslo: Markthalle (Mathallen; oben), Walfangmonument in Sandefjord (rechts), Blick von der Festung auf Halden (unten)

RESTAURANTS

Eine berühmte Adresse ist das **Theatercafeen** im Hotel Continental (siehe „Unsere Favoriten", S. 80).
Seit mehr als 150 Jahren ist das **€€€–€€€€ Engebret Café** (Bankplassen 1, Tel. 22 82 25 25, www.engebret-cafe.no, Mo.–Fr. 11.30–15.30 und 16.30–23.00, Sa. 17.00–23.00 Uhr) eine der ersten Anlaufstellen Oslos für allerfeinste norwegische Küche.
€€€ Stortorvets Gjæstgiveri (Grensen 1, Tel. 23 35 63 60, https://stortorvet.no, Di.–Fr. ab 14.00, Sa. 12.00–22.00 Uhr), Oslos ältestes Restaurant, ist top für Traditionsgerichte. Im angeschlossenen Café jeden Sa. Livejazz von 13.30 bis 16.00 Uhr.

VERANSTALTUNGEN

Herausragend unter den zahlreichen Events in der norwegischen Hauptstadt sind u. a. das **Oslo Jazz Festival** (Mitte Aug., 7 Tage, https://oslojazz.no) und das **Øya Festival** (Mitte Aug., 4 Tage, www.oyafestivalen.no), eines der größten Rockspektakel im Norden von Europa.

EINKAUFEN

Haupteinkaufsmeile ist die **Karl Johans gate.** Das ehemalige Werftgelände **Aker brygge** wurde in ein schickes Einkaufs- und Kulturzentrum umgewandelt. Das Zentrum **Oslo City** beim Hauptbahnhof lockt mit über 100 Läden zum Shoppen. Zahlreiche Spezialitäten bietet die Markthalle **Mathallen** auf dem ehemaligen Vulkan-Fabrikgelände (Läden Di.–So. ab 10.00/ 11.00–18.00/21.00, Restaurants usw. teils bis 3.00 Uhr, Mo. geschl., Maridalsveien 17a, https://mathallenoslo.no).

INFORMATION

Oslo Visitor Center
Østbanehallen, Hauptbahnhof
(Eingang von der Halle und vom Jernbanetorget aus)
Tel. 23 10 62 00
www.visitoslo.com

Oslofjord

14 **Halden** ist von der Schärenküste nur einen Katzensprung entfernt, der malerische Haldenkanal für Kanu- und Bootstouren ideal. Die 128 m hoch und aussichtsreich über dem Ort gelegene Festung Fredriksten (1655) ist das wichtigste militärgeschichtliche Denkmal Norwegens (https://ostfoldmuseene.no). Im Innern laden u. a. ein Museum sowie eine Multimediashow zur Besichtigung ein (Mitte Juni–Aug. Di.–So. 10.00–16.00 Uhr). Über 80 km weit kann man ab Halden dem im 19. Jh. erbauten **Halden-Kanal** mit dem Kanu folgen, auch verkehrt im Hochsommer ein historischer Flussdampfer (www.visitoestfold.com).
15 **Fredrikstad,** die am besten bewahrte Festungsstadt Skandinaviens, erstreckt sich an der Mündung der Glomma und ist eines der wichtigsten Industriezentren des Landes (85 000 Einw.). Die Altstadt Gamlebyen wurde 1567 von König Fredrik II. gegründet. Mehr als 5 km Fußwege führen durch verwinkelte Kopfsteinpflastergassen, entlang breiter Wallgräben und über Zugbrücken (www.visitfredrikstadhvaler.com). In Stadt und Umland gibt es insgesamt fünf ausgeschilderte Radwege. Der **Schärenarchipel von Hvaler** ist nur 15 km von Fredrikstad entfernt und über Brücken erreichbar. **Skjærhalden** ist Hauptstadt der Inselgruppe, von dort aus verkehren Fährboote zu größeren Inseln, die man am besten per Fahrrad entdeckt. Die schärenreiche Küstenlandschaft ist Highlight von 16 **Tønsberg,** im 9. Jh. gegründet und damit älteste Stadt Norwegens. Auf der im Stadtzentrum aufragenden Höhe Slottsfjellet findet sich neben den Ruinen einer Festungsanlage ein Aussichtsturm, von dem aus man ein Panorama über die Stadt auf den nahen Oslofjord genießen kann (https://vestfoldmuseene.no/slottsfjellsmuseet). **Verdens Ende**,

das „Ende der Welt", ist von Tønsberg aus 27 km entfernt und bezeichnet das Südkap der landfest erreichbaren Insel Tjøme. Fotogen reckt sich der grobe Steinbau des alten Leuchtturms von 1696 über den Oslofjord, dessen strandreiche Küste auf einen ausgedehnten Schärengarten blickt.
Lohnend ist auch ein Abstecher gen Westen nach **Åsgårdstrand.** Edvard Munch verbrachte ab ca.1885 mehrere Sommer in dem eleganten Holzhausstädtchen. Das Museum Munchs hus nimmt darauf Bezug (https://vestfoldmuseene.no/munchs-hus). Ein kurzes Fahrstück weiter wird der **Borrehaug** erreicht; das eindrucksvollste Gräberfeld Norwegens liegt an der Küste in einem lichten Wald uralter Baumriesen.
Bis 1968 Heimathafen der norwegischen Walfangflotte, steht 17 **Sandefjord** ganz im Zeichen dieser Meeresbewohner: Zahlreiche Straßen, Lokale und Geschäfte des 45 000-Einw.-Ortes tragen den Wal im Namen. Die Stadtväter haben dem Walgemetzel mit dem Walfangmonument am Fährhafen sogar ein Denkmal gesetzt. Das an der Uferpromenade gelegene Walfangmuseum informiert über den Walfang, dies aber recht einseitig (https://vestfoldmuseene.no/hvalfangstmuseet, Juni–Aug. tgl. 11.00–16.00, sonst Di.–So. 11.00–16.00 Uhr). Im Sommer liegt beim Museum das ehemalige Walfangschiff „Southern Actor" vor Anker (Mitte Juni–Aug. tgl. 11.00–16.00 Uhr).
Für Badegäste lohnt der Besuch der Strände auf den Halbinseln, die südostwärts gen **Larvik** in das Skagerrak ragen. Der schönste ist der des ehemaligen Lotsendorfes **Ula,** das abseits der R 303 ausgeschildert ist.

HOTELS

30 Zimmer im historischen Stil, ausgestattet mit modernster Technik, bietet das **€€–€€€ Hotel Fredrikstad** (Nygaardsgaten 9, Tel. 69 30 05 00, https://hotelfredrikstad.com) in einem umfassend renovierten Jugendstilbau.
Die Ferienanlage **€€–€€€ Scandic Havna Hotel** (Havnavn. 50, Tjøme, Tel. 33 30 30 00, www.scandichotels.no) liegt am Jachthafen von Tønsberg und bietet Zimmer mit hohem Komfortstandard in maritimem Outfit; auch Ferienhütten.

INFORMATION

Halden Turist
Tollboden, 1767 Halden, Tel. 90 62 42 69
www.visitoestfold.com/de/halden

Fredrikstad Turistkontor
Phønixbrygga 3, 1606 Gamle Fredrikstad
Tel. 69 30 46 00, www.visitfredrikstadhvaler.com

Visit Vestfold – Sandefjord
Torpveien 130, 3241 Sandefjord
Tel. 47 33 46 05 90
www.visitvestfold.com/en/sandefjord

Visit Vestfold – Tønsberg
siehe Sandefjord
www.visitvestfold.com/en/tonsberg

RADELND DURCH OSLOS GRÜNE LUNGE

Dass in Oslo unberührte Natur auf pulsierendes Großstadtleben trifft, lässt sich vielleicht am besten bei einer Radtour (oder Wanderung) entlang der Akerselva erfahren, die durch den 200 bis 600 Meter breiten und rund acht Kilometer langen Akerselva-Umweltpark führt. Ein durchgehender und für Autos gesperrter Uferweg erschließt dieses Flussrefugium, das am Maridsalsvannet beginnt, Oslos größtem See, und am Oslofjord endet.

Ein leichter Druck auf die Pedale und schon rollen Sie mit sanftem Gefälle vom dunkel umwaldeten See hinab nach Grünerløkka, in der zweiten Hälfte des 19. Jahrhunderts das größte Arbeiterviertel der Stadt. Einst versorgte der Fluss, an dessen Ufer schon im 14. Jahrhundert die ersten Getreidemühlen klapperten,

Oslos Akerselva-Umweltpark: Natur und Urbanität müssen keine Gegensätze sein.

Sägemühlen, Textilfabriken und mechanische Werkstätten mit Energie, weshalb er auch als die Wiege der Industrialisierung Norwegens bezeichnet wird. Viele der alten Fabrikgebäude wurden restauriert und bieten heute Platz für Cafés, Restaurants und Galerien, und auch das Ökostadtviertel Vulkan erstreckt sich am von Wiesen und Weiden gerahmten Flussufer. Hier können Sie mitten in der City in üppiger Natur in der Sonne dösen, die Füße ins Wasser halten, ja sogar baden gehen, ist doch die Akerselva noch an ihrer Mündung bei der Oper so klar wie Glas. Worauf also noch warten? Mieten Sie sich ein City Bike (oder ziehen Sie bequeme Laufschuhe an) und nehmen Sie sich für den Rest des Tages am besten nichts anderes mehr vor!

Anfahrt: mit dem Nahverkehrszug oder dem Bus Nr. 34, 54 zum Maridalsvannet.

Das Fahrrad müssen Sie aus dem Zentrum mitbringen: am einfachsten über Oslo Bysykkel (https://oslobysykkel.no) mit Hunderten Leihstationen in der ganzen Stadt; rund 10 €/Tag. Zu Fuß muss man rund zwei Stunden reine Gehzeit ansetzen, der Weg ist nicht zu verfehlen.

BAR 550

RIVIERA AM SKAGERRAK

Die Skagerrak-Küste ist so sonnenverwöhnt wie keine andere in Norwegen und wie geschaffen, das ganze Kaleidoskop der nördlichen Meeresexotik einzufangen. Ihre traditionsreichen Küstenorte, allesamt Juwelen der Holzarchitektur, gelten als die mondänsten Seebäder Norwegens.

Badeurlaub in Norwegen? Der Golfstrom macht's möglich. Das elegante Risør mit seinen noblen Villen und traumhaften Schären gilt als „Perle der norwegischen Riviera".

Der Leuchtturm am Kap Lindesnes (rechts) ist der südlichste Punkt Norwegens. 2518 Kilometer trennen ihn vom Nordkap.
Mandal zählt zu den gut besuchten Küstenstädtchen an der „norwegischen Riviera", gehört doch der Sandstrand Sjøsanden (unten) zu den schönsten des Landes.

Links: In Mandals Altstadt geht es beschaulich zu. Typisch für die Orte an der Südküste sind die zahlreichen Holzhäuser.

Friedliche Idylle am Kap Lindesnes, der Südspitze des Landes

DIE »SONNENKÜSTE NORWEGENS« WIRD DAS SØRLAND MIT SEINER RUND 2700 KILOMETER LANGEN SCHÄRENKÜSTE GENANNT.

Weißer Sand, blaues Meer, blank gewaschene Felsen und die Sonne, die sich am Horizont langsam auf die Wasseroberfläche zubewegt, um nur sechs Stunden später in zarten Pastelltönen wieder aufzusteigen – es ist einfach herrlich, Sommertourist an Norwegens Sørlandküste zu sein! Da die Region vor den aus Westen kommenden Regenwolken weitgehend geschützt ist, liegen die Niederschlagsmengen weit unter dem Landesdurchschnitt. Folglich ist es im Sørland landesweit am wärmsten und sonnigsten, weshalb die stark zerklüftete Schärenküste auch den Ruf genießt, die Sonnenküste von Norwegen zu sein.

NORWEGENS TORE ZUR WELT

Die landschaftliche Schönheit dieser norwegischen Riviera offenbart sich hinter dem dicht besiedelten Speckgürtel der Industrie- und Doppelstadt Skien/Porsgrunn, sobald man die stark frequentierte Europastraße verlassen hat und auf eine der kleinen Nebenstraßen eingebogen ist. Diese schlängeln sich küstennah von Holzhausstädtchen zu Holzhausstädtchen dahin. Malerisch breiten sich diese „weißen Orte“ hinter lang gestreckten Stränden aus, sie liegen im Schutz ausgedehnter Schärengürtel oder schmiegen sich in Felsbuchten. Von der frühen Wikingerzeit bis ins 20. Jahrhundert hinein waren sie Norwegens Tore zur Welt. Mal präsentieren sie sich eng und verwinkelt mit Kopfsteinpflastergassen, dann wieder weit und großzügig. Mit ihren Promenaden und Parkanlagen, schmucken Holzhäusern und stolzen Kapitänsvillen singen sie Oden an die „gute alte Zeit“ der Windjammer-Epoche im 18. und 19. Jahrhundert. Nahezu jeder Ort besaß damals eine eigene Handelsflotte und Stadtrechte. Erst der Siegeszug der Dampfschiffe brachte den Niedergang, der wiederum vom Tourismus unserer Tage beendet wurde.

SCHNEEWEISS UND ROSENROT

Wie bei Hans Christian Andersen beschrieben, liegt ein „Märchenfrieden“ über diesen barocken „Küstenperlen“, deren blütenweiß gestrichene Holzständerhäuser in üppige Gärten gebettet sind, von Rosen umrankt. Das noble Risør, das in den Sommermonaten oft überlaufene Kragerø, auch Mandal, Arendal, Grimstad und Lillesand – sie alle besitzen wunderschöne Holzhäuser in ihren Altstädten, die es zu entdecken lohnt. Wer Gelegenheit hat, eines dieser Wohnschlösschen von innen zu betrachten, wird sich angesichts der Kontraste verwundert die Augen reiben. So konservativ sie von außen wirken, so verspielt

Bei Søtflot: Der Veteranendampfer M/S „Hendrik Ibsen" schippert seine Gäste gemütlich auf dem Telemarkkanal dahin.

DER GRANDIOSE EINDRUCK DER SØRLANDKÜSTE IST AUCH DER SCHÖNHEIT DER STÄDTCHEN GESCHULDET.

sind sie oft im Innern, wo kräftige Bauernfarben auf hölzernen Wandverkleidungen, Türeinfassungen und Fensterrahmen einen Gegenpol zum allgegenwärtigen Schneeweiß bilden. Auf Betten, Tischen und Stühlen, Truhen und Musikinstrumenten, sogar auf Küchenlöffeln und Bierschalen breiten sich oft Blumen und Ranken in Gelb und Blau, Ocker und Grün und vor allem Rosenrot aus. Dazwischen finden sich mitunter biblische Motive, aber auch Figuren und exotische Fabeltiere. Es ist die Fülle der typisch norwegischen Rosenmalerei, die in diesem unerwarteten Farb- und Formidyll zum Ausdruck kommt. Man sinkt förmlich hinein in diese Dekorationskunst des 18. und 19. Jahrhunderts, die sich ab 1750 etwa von den Bauerntalungen der nördlich angrenzenden Telemark über weite Teile Norwegens ausdehnte.

UNVERKRAMPFTE GELASSENHEIT

Der grandiose Eindruck, den die Sørlandküste beim Besucher hinterlässt, ist nicht nur ihrer reichen Natur geschuldet, sondern auch der Schönheit und Behaglichkeit ihrer malerischen Städtchen. Und jener angenehmen Symbiose aus unverkrampfter Gelassenheit und gegebenem, aber nicht zur Schau gestellten Wohlstand, der für Norwegen charakteristisch ist. Lediglich in den Marinas der Seebäder wie Arendal, Risør oder Lillesand kommt Luxus in Form von Jachten und aufwendig restaurierten Holzseglern ins Spiel. Doch es würden die stolzen Besitzer lieber Mineralwasser trinken, als Passanten durch das Knallen eines Sektkorkens zu stören, witzeln die Norweger: Overstatement ist in Norwegen tabu, Understatement hingegen „in", weil der Einzelne, egal wie reich auch immer, danach strebt, eine „Frau" bzw. ein „Mann aus dem Volke" zu sein. Der Begriff „Elite" ist daher negativ besetzt, und Angeber werden ebenso belächelt wie stolze Titelträger. Niemand, nicht einmal ein Minister, ist demnach eine „Machtfigur", sondern ein ganz normaler Mensch, den man ganz selbstverständlich duzt – mit Ausnahme des Königs.

EINE EGALITÄRE GESELLSCHAFT

Dieses für Mitteleuropäer eher seltsame Gleichheitsideal ist im norwegischen Wohlfahrtsstaat verwurzelt, dessen Ausgangspunkt das sozialdemokratische Modell eines staatlich kontrollierten Kapitalismus ist. Er baut auf Gleichheit und Gerechtigkeit auf, wobei aber die Reichen nicht weniger, sondern die Armen mehr bekommen sollen. Vor allem mehr an „trygghet", sozialer Sicherheit. Alle haben das Recht auf gleiche soziale Leis-

Kristiansand ist eine Gründung des dänisch-norwegischen Königs Christian IV. Ihm beliebte eine schachbrettartige Stadtanlage. Hier ein Blick auf das Rathaus und die Fußgängerzone in der Ortsmitte.

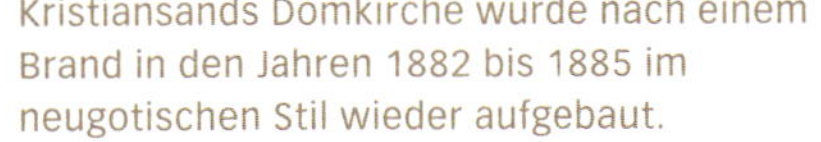

Kristiansands Domkirche wurde nach einem Brand in den Jahren 1882 bis 1885 im neugotischen Stil wieder aufgebaut.

Man kann sich lange streiten, welcher Ort an der Südküste besonders malerisch ist. Das Schärengebiet Dypva in der Nähe von Risør mit der Insel Lyngør rangiert aber ganz oben.

Die klaren, frischen Farben des Nordens am Hafen von Kragerø. In der kleinen Stadt mit großem Schärengürtel machen vor allem die Norweger selbst gerne Urlaub.

In Grimstad absolvierte der berühmte Dichter und Dramatiker Henrik Ibsen (1828–1906) eine Apothekerlehre. Dreh- und Angelpunkt des touristischen Geschehens ist der Hafen.

Lillesand lockt mit Ausflügen in die Schärenwelt vor der Küste. Die vielen kleinen Inselchen entstanden während der Eiszeit. Auf Norwegisch heißen Schären „skjær".

Blick auf den Flekkefjord (links), Idyll in Lillesand. „Zwischen Hügeln und Felsen draußen am Meer hat der Norweger seine Heimat gefunden, wo er selbst seine Grundstücke ausgegraben und auch selbst seine Häuser hat gebaut.“, schrieb der Sprachforscher und Dichter Ivar Aasen (1813–1896).

Edvard Munch

Special

Maler der Moderne

„Ich male nicht, was ich sehe, sondern was ich sah“, so Edvard Munch (1863–1944).

Er versuchte, hinter Fassaden zu blicken, erntete aber mit seinen Bildern zunächst nur Ablehnung, sowohl in seinem Heimatland als auch in Berlin, wo er 1882 sein Debüt gab. Im Künstlerverein brach ein Streit aus zwischen den Konservativen und denen, die bereits nach expressionistischen Ausdrucksformen suchten. Dies führte zur Spaltung und Gründung der Berliner Secession und ließ Munch zur Berühmtheit aufsteigen. 1883 entstand sein bekanntestes Werk: „Der Schrei“. Er stellte in Prag, Wien und Oslo aus, man begann sich an seinen Stil zu gewöhnen. Die Sommer verbrachte er ab 1889 häufig in Åsgårdstrand. Dort malte er 1905 „Die Mädchen auf der Brücke“. 1912 gelang ihm in Köln der internationale Durchbruch. Jetzt wurde er als Wegbereiter der Moderne gefeiert.

„Die Mädchen auf der Brücke“ (Ausschnitt)

In Norwegen durfte der Bürgerschreck von einst die Aula der Osloer Universität ausschmücken. 1933 wurde er zum Ritter geschlagen und mit dem Orden des St. Olav geehrt. In Deutschland jedoch kamen seine Bilder 1937 als „Entartete Kunst“ auf den Index. 1944 starb Munch in seinem Haus in Ekely (Oslo). 2012 wechselte eine der vier Variationen von „Der Schrei“ für 119,9 Millionen Dollar den Besitzer.

tungen, die die staatliche Versorgungskasse trägt. Sie kommt nicht nur für medizinische Ausgaben auf, sondern auch für das Arbeitslosen-, Schwangerschafts- und Kindergeld, für eventuelle Umschulungen oder Fortbildungen. Mutter- und Vaterschaftsurlaub werden ebenso gewährt wie ein Mindesteinkommen für nicht berufstätige Alleinerziehende. Auch die Grundrente ist schon seit Jahrzehnten ein Faktum.

DISKRIMINIERUNG IST TABU

Die Gleichstellung von Mann und Frau ist seit Jahrzehnten im Gesetz festgeschrieben. Frauen stellen in Norwegen gut die Hälfte aller Ministerposten, über 40 Prozent aller Sitze im Parlament und die Hälfte der Lehrstühle an den Universitäten, zudem sind sie mit mindestens 40 Prozent in den Gremien aller staatseigenen Betriebe und privaten Aktiengesellschaften vertreten. Laut UN-Report steht Norwegen weltweit auf Platz eins, was politische Mitbestimmung, ökonomische Selbstständigkeit, den Mutterschutz und die Gesundheit der Frauen angeht. Auch die Haltung Norwegens zu Schwulen und Lesben ist einzigartig. Sie haben gesetzlichen Anspruch auf zivilrechtlichen wie strafrechtlichen Schutz vor Diskriminierung, sei es bei der Arbeit oder auf dem Wohnungsmarkt.

Aquakultur

SCHWIMMENDES GOLD

Norwegen ist der größte Zuchtlachsproduzent der Welt. Während Zuchtlachs lange Zeit als minderwertig galt, hat sich das zumindest in Norwegen geändert. Aber er birgt Gesundheitsrisiken, und dies nicht nur für die Wildlachsbestände.

Lachszuchtanlage an der Südküste

Lang ist es her, seit Herbst für Herbst die Flüsse kochten, weil der atlantische Lachs aus dem Meer zum Laichen in seinen Heimatfluss zurückkehrte. Überfischung in Verbindung mit der Verschmutzung und Übersäuerung der Gewässer haben den Bestand reduziert, teils gar ausgerottet. Damit der Luxusfisch auch weiterhin serviert werden kann, hat man sich in vielen Ländern auf die Fischzucht besonnen. Die sogenannte Aquakultur ist an Norwegens Küsten ein etablierter und stark boomender Wirtschaftszweig. Wurden Anfang der 1970er-Jahre knapp 5000 Tonnen Lachs und Lachsforelle auf diese Weise produziert, sind es heute schon mehr als 1,8 Millionen Tonnen.

Norwegens Fischzucht bringt auch Arbeitsplätze in entlegene Regionen. Der Lachs wird mittlerweile seit rund 50 Jahren in Aquakulturen gezüchtet.

DER GEZÄHMTE LACHS

Der Geschmack des gezüchteten „Königs der Fische" ist gut, selbst Gourmets können das bescheinigen. „Im Lachsfarming hat sich in den letzten Jahren eine Revolution vollzogen", bestätigt Harald Rosenthal, Aquakulturexperte vom Institut für Meereskunde der Universität Kiel. In Norwegen wird Lachs mit modernsten Zuchtmethoden aufgezogen, sodass vor allem der Antibiotikaverbrauch drastisch reduziert werden konnte. Die Lachse werden heute in einem frühen Stadium geimpft, was den Ausbruch von Krankheiten verhindert.

DIE RISIKEN

Allerdings verwendet Norwegens Lachsbranche als Futter vorwiegend Pflanzenrohstoffe aus Lateinamerika. Diese enthalten Umweltgifte, darunter das Pestizid Endosulfan, für das die EU-Kommission kürzlich den Grenzwert um das Zehnfache erhöht hat. Dahinter soll laut Medienberichten die Lobbyarbeit der norwegischen Aquakulturbranche stehen. Auch soll das Niveau von Umweltgiften im Zuchtlachs mittlerweile so hoch sein, dass den Konsumenten Zurückhaltung nahegelegt wird, besonders Schwangeren und Kindern.

Gefahren bestehen auch für die Wildlachse: Jedes Jahr entweichen Zuchtlachse aus den Gehegen. Konkret beträgt der Anteil der entflohenen Lachse an der Wildpopulation in Norwegen mittlerweile bereits über 25 Prozent. Dies könnte die Überlebensfähigkeit der gemeinsamen Nachkommen schmälern. Zusätzlich besteht die Gefahr, dass Wildlachse sich mit Krankheiten und Parasiten infizieren, die für Zuchtlachse typisch sind. Im Gehege können sie bekämpft werden, doch Wildlachse gehen daran zugrunde. Die Wildlachsbestände sind entsprechend bedroht.

BIG BUSINESS

Heute ist das Lachsbusiness eines der größten Exportgeschäfte des Landes. Der Wirtschaftszweig schuf zahlreiche Dauerarbeitsplätze in einer breiten räumlichen Streuung – nicht unerheblich auch für Regionen, in denen es sonst wenige Arbeitsplätze gibt. Neben dem Ölgeschäft (siehe „Zur Sache", S. 64) sehen Regierung und Storting in der Aquakultur den wichtigsten Wachstumsmotor fürs norwegische Exportgeschäft. So werden auch in Zukunft weitere Milliarden Kronen an Forschungsgeldern in diese Branche fließen. Lange wird es wohl nicht mehr dauern, bis auch Heil- und Steinbutt, Seewolf, Seezunge, Dorsch und andere begehrte Speisefische aus der Zuchtanlage kommen.

Fakten & Informationen

https://fischausnorwegen.de: Die Seite des Norwegian Seafood Export Council bietet zahlreiche Geschichten und Infos rund um Fisch aus Norwegen (gerade auch Zuchtlachs); auch lohnt ein Klick auf „Rezepte".

www.test.de: Gibt man auf dieser Website in der Suchmaske „Zuchtlachs" ein, kommt man zu Dutzenden Artikeln zu diesem Thema; darunter auch ein aktueller Fisch-Einkaufsratgeber.

STAVANGER
Sandnes
Kristiansand
Arendal
Grimstad
Lillesand
Tvedestrand
Skien
Porsgrunn-
Larvik
Sandefjord
Tønsberg
Kragerø
Mandal
Flekkefjord
Egersund
Evje og Hornnes
Vest-Agder
Aust-Agder
Rogaland
Vestfold
Lindesnes
Hidra
Lista
Eigerøya
Flekkerøy
Hirtshals
Kristiansand
Strömstad
1
2
3
4
5
6
Maßstab 1:850.000
0
10km

EUROPAS COOLSTE RIVIERA

Zwischen der Oslofjord-Region und dem Fjordland laden im Schutz Tausender Schären die malerischsten Holzhausstädtchen und schönsten Strände des Landes zum Besuch ein. Dem Wassersport sind hier keine Grenzen gesetzt, während das Hinterland wie geschaffen ist für Wanderungen, Fahrradtouren und andere Aktivitäten.

1 Kragerø

Das charmante Städtchen versprüht nahezu schon südländisches Flair. Bei Norwegern genießt Kragerø (5500 Einw.) höchstes Ansehen als Urlaubsziel.

AKTIVITÄTEN
Den besten Überblick genießt man vom Aussichtspunkt **Steinmannen.** Nirgends finden sich bessere Bedingungen zum Plantschen, **Schwimmen** und **Sonnenbad** als im vorgelagerten Schärengarten, der 495 Inseln zählt. Die wichtigsten werden im Sommer von Fährbooten bedient; das Touristenbüro hält hierzu Auskünfte bereit.

HOTEL
Direkt am Hafen in einem rosafarbenen Schmuckbau liegt das **€€€–€€€€ Victoria Hotel** (P. A. Heuchsgate 31, Tel. 35 98 75 25, https://victoriahotel.no) mit stilvollen Zimmern.

RESTAURANT
Schöner als am Hafenkai oder im urgemütlichen Speiseraum des **€–€€€ Tollboden** (Tel. 35 98 90 90, www.tollboden.com, Juni bis Aug. tgl. ab 12.00, sonst nur Di.–Fr. ab 16.00 Uhr) sitzt man nirgends im Ort; auch die Küche (Traditionsgerichte) ist top.

INFORMATION
Ein Touristenbüro gibt es nicht mehr, www.visittelemark.no/kragero und www.kragerokystperlene.no informieren jedoch umfassend.

2 Risør

Die „Perle der Riviera am Skagerrak" gilt als der mondänste Badeort der „Sonnenküste", gleichzeitig aber auch als der malerischste des Landes. Wer „in" sein will in Norwegen, der macht in diesem Städtchen (4000 Einw.) Urlaub.

SEHENSWERT
Man trifft sich zum Flanieren an der Uferpromenade. Kunstgeschichtlich Interessierte werfen einen Blick in die barocke **Heilig-Geist-Kirche.** Einen Besuch wert ist auch das **Risør Aquarium** mit über 100 Fischarten (https://risorakvarium.no, 22. Juni–18. Aug. tgl. 11.00 bis 16.00 Uhr).

AKTIVITÄTEN
An der Küste locken rund zehn **Badestrände,** weitere auf den Schären; das Touristenbüro informiert. Der Schärengarten ist ein Traumrevier zum **Seekajakfahren**; auf der Suche nach Leihkajaks hilft das Touristenbüro weiter.

VERANSTALTUNGEN
Herausragend sind das **Risør Kammermusikkfest** (Ende Juni, https://kammermusikk fest.no) und der **Kunsthandwerksmarkt** (Mitte Juli, https://villvin.no).

HOTEL
Wohnen mit dem gewissen Etwas bietet das direkt am Meer gelegene, in einem Holzbau von 1863 befindliche **€€€–€€€€ Risør Hotel** (Tangengate 16, Tel. 37 14 80 00, www.risorhotel.no). 31 renovierte Zimmer im nordischen Stil; dazu zehn Hütten.

RESTAURANT
Maritimes Interieur, edle Ausblicke, auch eine schwimmende Speiseplattform, dazu norwegische und internationale Spezialitäten bietet **€€€ Kast Loss** (Strandgate 23, Tel. 37 15 07 77, https://strandgata.com/kast-loss, tgl. ab 12.00 Uhr).

UMGEBUNG
Ein Abstecher auf die 1991 als Europas bestbewahrter Ort ausgezeichnete **Schäreninsel Lyngør** führt in der Zeit zurück – kein Auto stört die Idylle dieses Inseldorfes. Anreise mit dem mehrmals tgl. ab **Gjenving** (30 km westl.) verkehrenden Fährboot (Tel. 97 64 98 61, www.sorlandetsmaritime.no).
Tvedestrand (20 km westl.) ist ein wahrer Bilderbuchort und bekannt als „Bücherstadt am Skagerrak": Zigtausende Bücher nicht nur in norwegischer Sprache stehen zum Verkauf (www.bokbyentvedestrand.com).

INFORMATION
Risør turistkontor
Havnegata 8, 4950 Risør, Tel. 37 15 22 70
https://risorby.no, https://de.visitsorlandet.com/reiseziele/risor

Die Uferpromenade von Risør (oben), Treffpunkt der Betuchten und der Sommergäste; Blick in die barocke Heilig-Geist-Kirche des Städtchens (rechts)

3 Grimstad

Grimstad trumpft mit den meisten Sonnentagen im Königreich auf. Da sich zahlreiche Sandstrände in der Nähe befinden, erfreut sich der Ort (ca. 13 000 Einw.) als Ferienzentrum großer Beliebtheit. Gegen Ende des 19. Jh. war er der bedeutendste Werftort des Landes.

SEHENSWERT

In Grimstad lebte der Dichter Henrik Ibsen von 1847 bis 1851 in der heute nach ihm benannten Straße, heute mit **Ibsenhaus** (www.gbm.no, Ende Juni–Mitte Aug. tgl. 11.00–16.00 Uhr). Der 2 km vor Grimstad gelegene **Naturpark Dømmesmoen** ist mit seinem dichten Wald einer der schönsten des Landes. Blumenfreunde sollten das integrierte **Norwegische Gartenmuseum** besuchen; es zeigt über 1000 verschiedene Pflanzen, darunter ca. 250 Rosenarten (www.gbm.no, Ende Juni–Mitte Aug. tgl. 11.00–16.00 Uhr).

Tipp

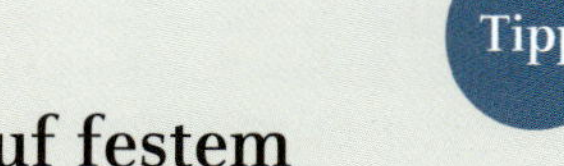

Auf festem Kiel in die Bergwelt

Der Telemarkkanal verbindet seit 1892 die Schärenküste bei Skien mit Dalen am Rand der Hardangervidda und gehört mit seinen Nostalgiedampfern zu den spektakulärsten Wasserstraßen Europas. Insgesamt rund zehn Stunden dauert die Fahrt auf dem 105 km langen Wasserweg, auf dem acht authentische Schleusen einen Höhenunterschied von 72 m überwinden. Wer wenig Zeit hat, kann etwa auf halber Strecke in Lunde in den Bus nach Skien umsteigen. Bleibt man bis Dalen an Bord, muss man übernachten (siehe S. 20) und nimmt am kommenden Tag Boot oder Bus zurück.

FAHRTZEITEN

Mitte Mai–Anfang Okt. tgl. um 8.10 Uhr ab Skien, an Dalen 18.00 Uhr. Informationen und Buchung (auch Pauschalpakete) über Visit Telemark, Tel. 40 92 00 00, www.telemarkskanalen.no.

Denkmal für König Haakon VII. in Kristiansand (l.), Museum im Leuchtturm von Mandal (r.)

AKTIVITÄTEN

Fahrradwege laden zum Radeln ein (Infos und Radverleih über das Touristenbüro).
Die schönsten **Badestrände** liegen östlich entlang der nach Arendal ausgeschilderten Fv 420; beliebt sind u. a. Hasseltangen (12 km), Storesand (9 km) sowie Grefstadvika (6 km).

HOTEL

Beim **€€ Grimstad Vertshus & Kro** (Frivollveien 11, Tel. 37 04 25 00, www.grimstad-vertshus.no) handelt es sich um ein zentral gelegenes Gasthaus in einem gepflegten Neubau im dänischen Stil.

UMGEBUNG

Folgt man der R 420 gen Süden, erreicht man nach 20 km **Lillesand** am Weg, das sich rühmt, die norwegische Siedlung zu sein, die am stärksten von der Holzarchitektur vergangener Jahrhunderte geprägt ist.

INFORMATION

Grimstad Turistkontor
Jernbanebrygga 1
4876 Grimstad
Tel. 37 25 01 68
https://de.visitsorlandet.com/reiseziele/grimstad

4 Kristiansand

Die rund 117 000 Einw. zählende Metropole ist neben Oslo das bedeutendste Wirtschaftszentrum des Südens, außerdem wichtigster Fährhafen für Verbindungen mit Dänemark.

SEHENSWERT

Highlight ist das 2012 eröffnete **Kilden Performing Arts Center**, das zu den architektonisch herausragendsten Bauwerken in Norwegen zählt und direkt am Hafen einen Blickfang bildet: Eine hölzerne Welle – 100 m breit, 35 m überhängend und mehrfach geschwungen – baut sich in bester Freiformmanier als „Showfassade" auf (Sjølystveien 2, www.kilden.com). Das 4 km stadtauswärts nahe der E 18 gelegene **Vest-Agder Fylkemuseum** zählt zu den bedeutendsten des Landes. Einen Besuch wert ist die Freilichtabteilung mit rund 40 alten Gebäuden und zwei Gutshöfen aus der Zeit zwischen 1650 und 1900 (www.vestagdermuseet.no, Mitte Juni–Mitte Aug. tgl. 11.00 bis 16.00 Uhr).

ERLEBEN

Highlight von Kristiansand ist die Bootstour durch den **Schärenkanal Blindleia**. Vorbei an unzähligen Felsinselchen und dem alten Seglerhafen Brekkesto geht die Fahrt mit der M/B „Øya" bis nach Lillesand; zurück dann mit dem Bus (https://blindleia.no, Tel. 95 93 58 55, Ende Juni–Anfang Aug. tgl. um 14.00 Uhr ab Kristiansand, an Lillesand 17.00 Uhr). Der an der E 18 rund 11 km östlich von Kristiansand gelegene **Tier- und Abenteuerpark Sørlandspark** ist der größte Norwegens (www.dyreparken.no, tgl. 10.00–15.00, Hochsommer bis 19.00 Uhr). Auch Wolf und Elch leben in dem weitläufigen Park.
Die **Setesdalbahn** (Spurbreite 1076 mm) ist die älteste Museumsbahn des Landes. In restaurierten Waggons geht es von einer Dampflok gezogen auf die 5 km lange Strecke zwischen Grovane (5 km nördlich Kristiansand) und Beihølen (www.vestagdermuseet.no/setesdalsbanen, Mitte Juni–Anfang Sept. So. um 11.00 und 13.00 Uhr; im Juli auch Mi. und Sa.).

HOTEL

Das Budgethaus **€ Cirybox Lite** (Tordenskjoldsgate 12, Tel. 38 70 15 70, https://cityboxhotels.com) zählt zu den günstigsten Hotels der Stadt. Es bietet moderne, komfortable und praktisch eingerichtete Zimmer.

RESTAURANT

Eine Institution in Kristiansand für Fisch und Seafood ist das **€€€€ Sjøhuset Restaurant** (Østre Strandgate 12, Tel. 38 02 62 60, www.sjohuset.no, Mo.–Sa. ab 15.00 Uhr) am Jachthafen. Im Sommer herrlich zum Draußensitzen.

INFORMATION

Kristiansand Turistkontor
Rådhusgaten 18, 4611 Kristiansand
Tel. 38 07 50 00
https://de.visitsorlandet.com/reiseziele/kristiansand

5 Mandal

Die südlichste Stadt Norwegens gilt wegen ihrer adretten Altstadt als eine weitere „Perle des Sørland" (ca. 11 000 Einw.).

SEHENSWERT
Eines der schönsten Häuser Mandals ist der alte **Kaufmannshof Andorsengården**, heute Stadtmuseum, das auch Arbeiten von Gustav Vigeland zeigt. Der rund 1 km lange **Sjøsand** gilt als einer der schönsten Sandstrände Norwegens. Das **Schalentier-Festival** (Anfang Aug., www.skalldyrfestivalen.no) ist mit über 60 000 Besuchern Norwegens größtes Familienfest.

HOTEL
Das **€€ Kjøbmandsgaarden Hotell** (Store Elvegate 57, Tel. 38 26 12 76, https://kjobmandsgaarden.no) ist zwar etwas altväterlich möbliert, aber komfortabel und gemütlich.

UMGEBUNG
Größter Touristenmagnet ist das **Kap Lindesnes**, Norwegens Südkap, mit dem **Lindesnes Fyr** (https://lindesnesfyr.no, Ende Juni–Anfang Sept. tgl. 10.00–20.00, Mai 10.00–18.00, sonst 11.00–16.00 Uhr): Norwegens ältester Leuchtturm beherbergt ein Leuchtturmmuseum. Auch Infozentrum, Kiosk und Galerie gibt es hier; markierte Wanderwege erschließen die Felsküste.

INFORMATION
Mandal Turistkontor, Havnegata 2
4515 Mandal, Tel. 38 27 83 00
www.nordseestrasse.eu, https://de.visitorlandet.com/reiseziele/mandal-und-lindesnes

6 Flekkefjord

Das Städtchen (6500 Einw.) gefällt mit einem Architekturensemble aus vergangenen Jahrhunderten, als Flekkefjord wichtigster Exporteur für Holz in die Niederlande war.

SEHENSWERT
In der **Altstadt** hinter dem Hafen finden sich bauliche Zeugen aus alter Zeit, Schmuckstück ist die Dr. Kraftsgate, an der das in einem 300 Jahre alten Patrizierhaus eingerichtete **Flekkefjord Museum** (Hausnr. 15) Interessierte einlädt (www.vestagdermuseet.no, 20. Juni–20. Aug. tgl. 11.00–17.00 Uhr).

UMGEBUNG
Eine kurze Fährfährt führt zur **Insel Hidra** hinüber (www.opplevhidra.no), und von den zahlreichen Stränden abgesehen, beeindruckt dort insbesondere die reiche Pflanzen- und Vogelwelt; die schönsten Natureindrücke vermitteln die zahlreichen Wanderwege, die durch Wald und Flur und an der Küste entlangführen.

INFORMATION
Turistkontor Flekkefjord, Kultursenter, Elvegaten 1, 4400 Flekkefjord, Tel. 38 32 80 81
www.smaabyenflekkefjord.no
www.nordseestrasse.eu

MIT DER DRAISINE AUF DER FLEKKEFJORDBAHN

Schon mal auf einer Draisine gesessen, locker in die Pedalen getreten und an Seen und Fjorden, Höhenzügen und kleinen Siedlungen vorbei durch waldreiche Landschaft gezuckelt? Noch nie? Dann gönnen Sie sich das doch auf dem Gleis der 1990 stillgelegten Flekkefjordbahn!

Wenn man mit der Draisine nicht gerade in einem Tunnel ist, blickt man auf den wundervollen Flekkefjord – mehrere Abschnitte der Strecke verlaufen direkt am Wasser.

Los geht es an der Flekkefjord Stasjon, dem alten Bahnhof der Stadt. Kaum haben Sie Platz genommen, gleiten Sie auch schon ins Stockdunkel eines ersten Tunnels (von insgesamt 17) hinein. Auf seiner anderen Seite wird es schnell ländlich, und immer wieder laden unterwegs nett ausgebaute Pausenstationen zum entspannten Genießen ein. So geht es aussichtsreich von Tunnel zu Tunnel und von Station zu Station stets sanft ansteigend dahin, bis Sie einen Wasserturm erreichen. Er markiert die Station Flikkeid und das Ende der Steigungsstrecke, und auf den folgenden Kilometern radeln Sie am schönen Lundevatnet vorüber, bevor die mit 1,2 Kilometern längste Tunnelpassage zu bewältigen ist.

Dann wird das Fjordende erreicht, und noch zwei Kilometer liegen vor Ihnen, bevor die Strecke in Bakkekleivi endet. Hier können Sie entweder die Draisine abgeben oder aber auch die Rückfahrt radelnd bewältigen – was nun leichter fallen wird, da es nur noch eben bzw. mit leichtem Gefälle nach Flekkefjord zurückgeht.

Die Strecke ist 17 Kilometer lang. Für den einfachen Weg benötigt man ca. eineinhalb bis zwei Stunden, hin und zurück dreieinhalb bis vier Stunden.

Die Draisinen bieten Platz für bis zu drei Erwachsene oder zwei Erwachsene und zwei Kinder. Los geht es von Mai bis September täglich um 8.00, 12.00 und 16.00 Uhr; die Preise betragen ca. 60 €.

Infos und Buchung über www.flekkefjordbanen.com; zur Einstimmung empfehlen sich YouTube-Videos (in der Suchmaske „Draisine Flekkefjord" eingeben).

Südliches Fjordland

*

OSCARREIFE LANDSCHAFTEN

*

Für die Breitwandblicke auf grünblau schimmernde Fjorde und gischtende Wasserfälle möchte man dem südlichen Fjordland am liebsten einen Oscar verleihen. Westnorwegen als Augenweide! Urbane Kontrapunkte zur grandiosen Natur setzen derweil die beiden europäischen Kulturhauptstädte Stavanger und Bergen.

Wer wagt sich bis an den Rand des Preikestolen und schaut 604 Meter in die Tiefe? Die markante Felsplattform liegt am Lysefjord in der Nähe von Stavanger.

Stavanger, viertgrößte Stadt Norwegens, steht für den Erdölboom des Landes. Abseits der Industrieanlagen hat die Altstadt ihren Charme bewahrt. An der Bucht Vågen in der Stadtmitte trudeln im Gästehafen (rechts) große und kleine Schiffe ein, seine Kaianlagen säumen Cafés und Restaurants (Mitte).

Stavanger: Auf hoher See sprudelt Schwarzes Gold, in den Altstadtgassen (unten links) verbreiten schneeweiße Häuser Wohlfühlatmosphäre. Die Domkirche (unten rechts) erhebt sich zwischen Gästehafen und dem kleinen See Breiavatnet. Nach einem Brand erhielt die im 11. Jahrhundert erbaute Kirche einen Chor im gotischen Stil. Im Inneren prunkt üppige Barockausstattung.

Stavanger gilt als besonders weltoffene, lebendige Stadt, und sicher haben die Studierenden der hiesigen Universitäten daran Anteil. Am Hafenbecken des Vågen kreuzen sich die Wege von Alteingesessenen, von Einwohnern auf Zeit und Gästen aus aller Herren Länder.

DIE ÖLMETROPOLE STAVANGER IST DIE MODERNSTE, REICHSTE UND TEUERSTE STADT IN NORWEGEN.

Im südlichen Fjordland, das sich aus den Bezirken Rogaland und Hordaland zusammensetzt, ist es zu finden, das Norwegen der Farbprospekte, das durch die Nordland-Begeisterung des wilhelminischen Deutschland schon zu Beginn des 20. Jahrhunderts zu einem Dorado des Fremdenverkehrs avancierte. Doch auch die Fischerei, der traditionelle Haupterwerbszweig in diesem Landesteil, spielt eine beachtliche Rolle, wird aber seit den späten 1960er-Jahren von der Ölwirtschaft überflügelt, deren Zentrum Stavanger ist.

BOOMTOWN VOR DEM ABSTURZ?

Die „Ölmetropole Europas“, Norwegens modernste, multikulturellste, reichste und auch teuerste Stadt, ist über einen Zeitraum von mehr als 1300 Jahren ganz allmählich gewachsen. So liegen in Stavanger Modernes und Altes dicht beieinander. Dieser Kontrast ist es, der zusammen mit zahlreichen Sehenswürdigkeiten sowie einem üppigen Ausflugsangebot den Reiz dieser charmanten Stadt ausmacht, die nach dem Ölpreissturz von 2014 umdenken musste: Stieg hier die Arbeitslosenzahl innerhalb eines Jahres um sage und schreibe 65 Prozent an – so stark wie nirgends sonst im Land –, so lag sie dank zahlreicher Firmenneugründungen besonders im IT-Bereich 2022 bereits wieder unter dem Landesdurchschnitt. Auch in die Aquakultur und vor allem in den Tourismus wird noch stärker als zuvor investiert, denn gerade auch kulturell haben die Stadt und ihre nahe Umgebung einiges zu bieten. Schließlich war Stavanger nicht ohne Grund 2008, gemeinsam mit Liverpool, Europäische Kulturhauptstadt.

ERST DIE SPROTTE, DANN DAS ÖL

Wandel ist Stavanger gewohnt, musste sich doch seine Wirtschaft in der Vergangenheit immer wieder neu orientieren. Lebte die Stadt zunächst vom Seehandel, gefolgt vom Fischfang, so verlegte sie sich gegen Mitte des 19. Jahrhunderts, als die großen Heringsschwärme ausblieben, auf das Eindosen von Brislingen und Sprotten. Zu Beginn des 20. Jahrhunderts war Stavanger mit bis zu 72 Dosenfabriken die Konservenhauptstadt der Welt. Mit dem Aufkommen von Kühlschiffen ging es bergab mit dem Dosenboom. Doch als der heute völlig unbedeutende Wirtschaftszweig vollends stagnierte, kam 1969 die Rettung durch Ölfunde in der Nordsee.

INS FJORDLAND HINEIN

Wer gen Norden über Stavanger hinausfährt, gelangt bald in eine wildromantische Landschaft Dutzender Fjordarme.

Von der windigen Nordsee aus haben sich die längsten 80 Kilometer tief in Berge eingegraben, die bis über 1500 Meter Höhe aufragen, und werden dabei eng von glatt polierten Granitwänden umschnürt, die aussehen, als wären sie mit einer Axt in die Felsmassive eingehauen worden. An den Ufern liegen wie hingepinselt kleine Dörfer mit bunten Holzhäusern, Wasserfälle donnern von den Steilhängen und lassen die Straße in einer vielfarbig schimmernden Wasserwolke verschwinden. So insbesondere am Svandalsfossen, wo ein 540 Stufen zählender Treppenweg atemberaubend nah an den Gischtmantel heranführt. Auch an anderen Natur-Highlights wurden spezielle Rastplätze und Aussichtspunkte angelegt, denn die Straße, die diese Landschaft erschließt, gehört als „Ryfylke" zu den für den motorisierten Touristen ausgebauten Nationalen Touristenstraßen (siehe S. 94/95). Für Naturliebhaber ist die 183 Kilometer lange und bis fast 1000 Meter hoch in die Bergwelt aufsteigende Strecke ein Höhepunkt der Reise. Der Preikestolen, Norwegens berühmtester Aussichtspunkt, ist nur eine der Naturattraktionen an dieser schmalen, kurvenreichen Straße, die mit Abstand den spannendsten Weg von Stavanger nach Norden markiert.

DAS TESSIN DES NORDENS

Von ihrem Endpunkt aus ist es nur ein kurzes Stück entlang der Rv 13 zur Nationalen Touristenstraße Hardanger. Sie schlängelt sich in virtuoser Streckenführung um den Hardangerfjord und seine größten Nebenarme herum. Eine Schneise von knapp 180 Kilometern schneidet der vom Folgefonn-Gletscher gekrönte drittlängste Fjord der Welt ins Bergland der Hardangervidda hinein, über deren Abbruchkante sich einige der höchsten und berühmtesten Wasserfälle des Landes ergießen. Seine tiefblauen Ufer sind in moosgrüne Obstbaumwiesen gefasst, die ihren prächtigsten Ausdruck Ende Mai/Anfang Juni finden, wenn die Berge noch ihr Schneekleid

Die mächtige Felsplattform Preikestolen (oben) liegt wie der eingeklemmte Felsblock Kjeragbolten (u. r.) am Lysefjord. Beide sind Ziele von Wanderungen bei Stavanger.

Sonnenlicht glimmt in den Gischtnebeln des Låtefoss (oben). Der Zwillingswasserfall liegt ca. 20 km südlich von Odda an der Straße Rv 13.

Der Kjerag (links), ein Felsplateau am Lysefjord, ist nicht nur Ziel von Wanderern, sondern auch von Basejumpern.

Bergen gilt als die schönste Stadt Norwegens. Oben: Das älteste Theater des Landes, Den Nasjonale Scene, wurde 1906 bis 1909 als Jugendstilbau errichtet.
Mitte: Bergens Highlight Bryggen liegt an der Nordseite des Hafens. Irgendetwas ist immer los, und sei es, dass Musik gemacht wird oder auf Hochglanz polierte Oldtimer die Blicke auf sich ziehen.

Bryggen zählt zum UNESCO-Weltkulturerbe. Die Kaufmannshäuser und Lager entstanden nach dem Brand von 1702. Den fotogenen Anstrich erhielten sie später.

Abendstimmung in Bergen mit Blick auf das Hafenbecken Vågen. Rechts der Schiffsmasten ist die im 13. Jahrhundert erbaute Håkonshalle zu sehen. Sie ist Teil der Festung Bergenhus. Ganz rechts Bryggen.

tragen, während 500 000 Apfel-, Pflaumen-, Birn- und Kirschbäume in voller Blüte stehen. Sie machen den Hardangerfjord zum Obstgarten Norwegens. Eingeführt wurden die Obstsetzlinge vor rund 900 Jahren von irischen Mönchen.

Heute ziehen die Obstbaumblüte und die traditionsreichen Ferienorte eine ständig wachsende Zahl vorwiegend norwegischer Touristen an, während ausländische Besucher meist die Natur-Highlights suchen – und dies schon seit über 100 Jahren. Kaiser Wilhelm II. kreuzte mit seiner Jacht nahezu jeden Sommer im Hardangerfjord, der in jenen Jahren schon bis zu 80 Kreuzfahrtschiffe jährlich zählte.

KATALYSATOR WASSERKRAFT

Größtes Ferienzentrum von Skandinavien schlechthin war seinerzeit das Städtchen Odda, das sich am Sørfjord, einem Nebenarm des Hardanger, befindet und inmitten eines gewaltigen Naturszenarios, in dem hoch gelegene Bergseen, reißende Flüsse und tosende Wasserfälle die Hauptdarsteller sind.

Sie sorgen dafür, dass Odda nicht nur eines der beliebtesten Ferienzentren Skandinaviens ist, sondern im Jahre 1906 auch Standort von Wasserkraftwerk „Tysso I" wurde. Zum ersten Mal war es gelungen, die äußerst hinderlichen naturräumlichen Gegebenheiten des Landes zu nutzen. Nun galt es, Anwendungsbereiche für die billige und landesweit zur Verfügung stehende Energie zu finden. 1903 hatten die norwegischen Professoren Kristian Birkeland und Samuel Eyde eine Methode zur künstlichen Gewinnung von Salpeter entwickelt. Der Stoff – unentbehrlich zur Herstellung von Düngemitteln wie auch Schießpulver – war außerordentlich begehrt auf dem Weltmarkt.

Birkeland und Eyde machten das Verfahren marktreif und gründeten die Firma „Norsk Hydro", die rasch zum größten norwegischen Arbeitgeber avancierte. Noch heute ist es Norwegens größtes Unternehmen und in der Kunstdüngerproduktion weltweit führend.

Brücke über den Eidfjord (rechts). Östlich von Bergen dehnt sich eine von Fjorden zerklüftete Landschaft aus.

Der Golfstrom sorgt für ein mildes Klima, von dem mehrere geschützte Täler profitieren. So gedeiht in der Gegend rund um den Hardangerfjord über ein Fünftel von Norwegens Obstbäumen. Direktvermarktung des Apfelsegens am Wegesrand ist durchaus üblich (oben).

Der Wasserfall Vøringsfossen bei Eidfjord – seit August 2020 mit Fußgängerbrücke, die einen atemberaubenden Panoramablick auf den über 180 m hohen Wasserfall erlaubt (rechts): Ohne Wasserkraft und die späteren Öl- und Gasfunde wäre Norwegen niemals die hoch entwickelte Industrienation von heute geworden.

Obstbaumlehrpfad am Hardangerfjord bei Lofthus: Heute ziehen die Obstbaumblüte und die Ferienorte vorwiegend norwegische Touristen an, während ausländische Besucher meist die Natur-Highlights suchen.

Special

Hurtigruten

Die schönste Seereise der Welt

Hurtigruten und Kystruten, die seit 2021 von zwei Reedereien getragene berühmte Postschifffahrt entlang der norwegischen Küste, bietet den vollendeten Reisegenuss.

Sie führt an zwölf Tagen über rund 4630 Kilometer und durch 34 Häfen von Bergen nach Kirkenes in Nordnorwegen. Die Pünktlichkeit der Linien ist legendär. Da die elf Schiffe sowohl Transportmittel für die Einheimischen als auch Kreuzfahrtschiffe und Frachter für unterschiedlichste Güter sind, kann man in den Häfen das Laden und Löschen der Ladungen beobachten, trifft „echte“ Norweger und muss doch auf Service und Luxus nicht verzichten.

Einmal Norwegen bitte – völlig entspannt

Immer gibt es in diesem subpolaren Kreuzfahrtrevier etwas Außergewöhnliches zu sehen. Mal geht es durch weite Schärengärten, mal durch majestätische Fjorde und felsumschnürte Sunde, dann wieder aufs offene Meer hinaus oder an vielgestaltigen Bergen und funkelnden Gletscherkronen, aber auch an lieblichen Wiesen-, Feld- und Waldlandschaften vorbei.

Wer einmal Norwegen von „draußen“ geschaut hat, versteht auch, warum die Hurtigrute, die Jahr für Jahr allein etwa 35 000 deutsche Passagiere zählt, in der Welt des internationalen Reiseverkehrs einen herausragenden Stellenwert innehat, ja als die „schönste Seereise der Welt“ gilt.

BERGEN – HAUPTSTADT DES NORDENS

„Tysso I“ ist nur ein Wasserkraftwerk unter vielen am Hardangerfjord, den man ab Odda umrunden muss, um Bergen zu erreichen, die in sieben Bergzügen gerahmte und mit sieben inselgespickten Fjorden verbundene „Hauptstadt des Nordens“. So wurde sie schon seit dem 13. Jahrhundert bezeichnet, als sie noch Residenzstadt der norwegischen Könige war. Bis ins 19. Jahrhundert hinein blieb Bergen die wichtigste und größte Stadt Norwegens. Noch heute gilt sie als die schönste Stadt des Landes: Wie ein Amphitheater staffelt sie sich mit gepflegt gealterten Holzhäusern an gewundenen Kopfsteinpflastergassen die bewaldeten Hänge hinauf, die Sehenswürdigkeiten zählen zu den bedeutendsten des Königreiches. Allen voran das einstige Hanseviertel Bryggen, das mit einem verwirrenden Labyrinth von Gässchen, miteinander verschachtelten Kontoren, Stiegen und Galerien zu einem Streifzug ins Mittelalter einlädt. Ab 1278 brachte die Gilde der Lübecker „Bergenfahrer“ Getreide, Salz, Malz und Bier zum Tausch gegen Wolle, Häute, Felle und Trockenfisch. Innerhalb kürzester Zeit konnte die Hanse fast den gesamten Handel an sich reißen und bildete einen Staat im Staat, in dem hanseatisches norwegisches Recht herrschte.

Erdöl

MÄRCHENHAFTER REICHTUM

Dass Märchen und Mythen in Norwegen lebendig geblieben sind, belegen die Namen der Offshore-Felder. „Schneewittchen", „Aschenhans" und „Däumling" gibt es da unter anderem, und die Geschichte des Letzteren kann stellvertretend für die Norwegens stehen, denn zum Schluss zog er die Siebenmeilenstiefel an und machte sein Glück.

Arbeiter auf einer Bohrinsel des Ekofisk-Ölfelds, rund 300 km vor der Küste von Stavanger.

Es begab sich am 24. Oktober 1969, als Norwegen – das zwar nicht kleine, aber im Schatten seiner „Geschwister" stehende Land – die „Siebenmeilenstiefel" anzog. Damals stieß man bei dem später Ekofisk genannten Bohrloch, rund 300 km südwestlich vor Stavanger in der Nordsee gelegen, auf ein enormes Ölfeld und Norwegen entwickelte sich schlagartig zu einem Ölland. So machte es sein Glück, konnte sich quasi über Nacht von der über 160 Milliarden norwegische Kronen betragenden Auslandsverschuldung befreien und hatte dadurch auch freie Bahn in den Wohlfahrtsstaat.

Doch Ekofisk machte nur den Anfang. Es folgten die Felder Eldfisk, Edda und Valhall, Cod und Ula, Heimdal, Thor und Troll und viele Dutzend andere mehr. Heute ist das Königreich einer der größten Ölproduzenten auf Erden, dabei das einzige westliche Land, das mehr Öl exportiert, als es selbst verbraucht, und bezüglich des Umfangs der Gaslieferungen nach Europa rangiert es hinter Russland sogar auf Platz zwei – Tendenz steigend. Dabei sind bislang noch nicht einmal ein Drittel der norwegischen Erdölressourcen gefördert worden: Nach Schätzungen des amerikanischen US Geological Survey lagert allein unter der Barentssee und dem angrenzenden Polarmeer gut ein Viertel aller noch unerschlossenen Öl- und Gasreserven der Welt.

FÜR EINE GESICHERTE ZUKUNFT

Obendrein gilt Norwegen mit einem Pro-Kopf-Einkommen von über 81 000 € als eines der reichsten Länder der Welt. Um diesen Status auch langfristig zu sichern, werden die Ölgewinne schon seit Jahren in einen Sondertopf gesteckt: den Staatlichen Pensionsfonds (früher: Ölfonds), der seit seiner Einführung im Jahr 1990 einen Marktwert von mittlerweile über 1,5 Billionen Euro (2024) erreicht hat und damit der größte Staatsfonds der Welt ist. Insgesamt hält Norwegen über den Fonds Anteile an über 9000 Unternehmen und verfügt über mehr als 1,5 Prozent des gesamten Aktienbesitzes weltweit. Nach der sogenannten Handlungsregel darf die Regierung jährlich jedoch nur maximal vier Prozent des Fondsvermö-

Der unersättliche Energiehunger der Industrienationen macht selbst das Bohren in der wilden Nordsee rentabel: Pipeline und Sleipner-Bohrinsel.

Ölfördern auf hoher See: Das Norwegische Erdölmuseum in Stavanger gibt Einblicke in eine Hightech-Industrie.

gens im Haushalt einplanen. So soll sichergestellt werden, dass das wirtschaftliche Gefüge des Landes intakt bleibt und vor allem auch zukünftige Generationen vom irgendwann einmal versiegenden Ölreichtum profitieren können.

PETRODOLLARS OHNE ENDE

Hatte es noch in der letzten Auflage dieses Magazins von 2021 geheißen, dass Oslos Sparschein am Verhungern ist, so platzt es nun aus allen Nähten. Die Pandemie hat's möglich gemacht, denn während die Weltwirtschaft in der Pandemie-Krise von 2020/2021 die stärkste Rezession seit dem Zweiten Weltkrieg erlitt, hat sich Norwegen zeitgleich „dumm & dämlich" verdient. Konkret legte der norwegische Pensionsfond um rund 20 Prozent zu, sprich: um rund 220 Mrd. €. Geschuldet ist dieser bis dato ganz einzigartige Gewinn natürlich der anhaltenden Hausse an den weltweiten Börsen. Andererseits aber ist es der drastische Preisanstieg der für Norwegen so wichtigen Exportgüter wie Aluminium sowie vor allem Erdöl- und Erdgas, der Norwegen 2020–2024 einen Handelsüberschuss in Rekordhöhe bescherte. Insgesamt machten die fossilen Energieträger nahezu 70 Prozent der Gesamtexporte aus.

IOT-MUSTERLAND

Doch da nun ganz offensichtlich ist, dass die Petrobranche das Klima ruiniert, hat die seit 2021 amtierende neue Regierung unter Vorsitz der Sozialdemokraten einen Paradigmenwechsel angekündigt, und in der Folge werden keine Anstrengungen gescheut, intelligente Lösungen für nahezu alle Bereiche des täglichen Lebens zu finden. „Smart Health" (intelligentes Gesundheitssystem), „Smart Grid" (intelligentes Stromnetz) und Dutzende andere „smarte" Systeme mehr, in denen sensorbestückte Endgeräte eine Rolle spielen, sind plötzlich in aller Munde. Folglich kommt es zurzeit jedes Jahr zu Tausenden wachstumsorientierten Firmenneugründungen in dieser „Internet-of-Thing"-Branche (IoT).

Eine weitere Speerspitze für ein neues Wirtschaftszeitalter soll die Robot-Technologie werden. Laut Expertenmeinung könnte Norwegen, das die Weltbank in einer Untersuchung zu den wirtschaftsfreundlichsten Ländern der Welt zählt, bald Marktführer sein.

Fakten & Informationen

Pro-Kopf-Einkommen Norwegen
2023: ca. 81.000 €

Staatsschulden: null
Inflationsrate: 2,8 % (2024)
Arbeitslosigkeit: 4,1 %

Staatlicher Pensionsfonds (größter Staatsfonds der Welt):
Wert: 1,55 Billionen EUR (2024)
Anlageverteilung (2022):
72 % Aktien
26,1 % festverzinsliche Werte
1,7 % Immobilien

Marktwertentwicklung live im Internet:
www.nbim.no

Das Erdölmuseum am Hafen von Stavanger kleidet sich in kühles, grauschwarzes Metall.

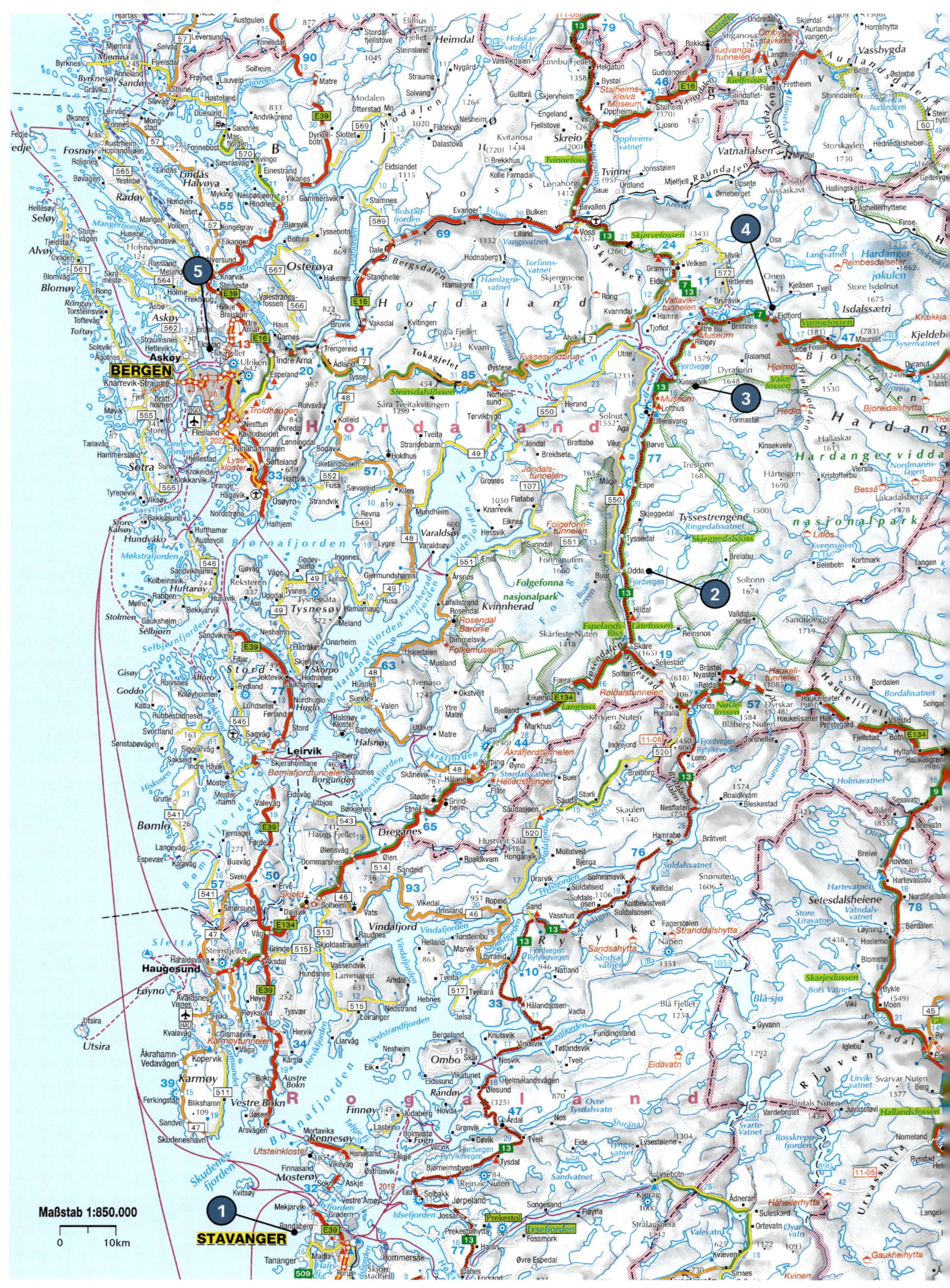

Maßstab 1:850.000
0
10km
BERGEN
STAVANGER
Haugesund
Leirvik
Askøy
Sotra
Stord
Karmøy
Utsira
Hordaland
Rogaland
Ryfylke
Hardangervidda nasjonalpark
Folgefonna nasjonalpark
Bjørnafjorden
Boknafjorden
Hardangerfjorden
Sørfjorden
Voss
Odda
Kinsarvik
Eidfjord
Skjervefossen
Vøringfossen
Låtefossen
Langfoss
Steinsdalsfossen
Troldhaugen
Lysekloster
Rosendal Baroniet
Utsteinkloster
Prekestol
Lysefjorden
Kjerag
1
2
3
4
5

IMMER AM WASSER ENTLANG

Bis 180 km tief in die gletscherbedeckte Bergwelt reichende Fjorde, schäumende Wasserfälle und traditionsreiche Ferienstädtchen prägen diese Region, die immer wieder neue herrliche Ausblicke bereithält. Mit Bergen besitzt sie die vielleicht attraktivste und mit Stavanger die modernste Metropole des Landes.

1 Stavanger

Norwegens viertgrößte Stadt (149 000 Einw.) wurde 1125 als Bischofssitz gegründet. Ölfunde in der Nordsee bescherten der Stadt ein enormes Wachstum. Herrlich: das Umland.

SEHENSWERT

Das natürliche Hafenbecken des **Vågen** gibt ein prachtvolles Bild ab. Von hier aus sind es nur wenige Gehminuten bis zum 1125 errichteten, gotischen **Dom**; sein Interieur ist barock verbrämt (Juni–Aug. tgl. 9.00–18.00, sonst Mo. bis Sa. 10.00–15.00 Uhr). Die über dem Hafenbecken gelegene Altstadt, **Gamle Stavanger,** stellt mit ihren 173 Holzhäusern aus dem 17. und 18. Jh. eines der am besten erhaltenen Viertel seiner Art in Nordeuropa dar.
Das einer Ölplattform nachempfundene **Norwegische Ölmuseum** beantwortet alle Fragen zum Thema Erdöl und -gas (www.norskolje.museum.no, Mitte Juni–Aug. tgl. 10.00–19.00, sonst Mo.–Sa. 10.00–16.00, So. bis 18.00 Uhr).

HOTELS

Im €–€€ **Skansen Hotel** (Skansegate 7, Tel. 41 43 57 77, www.skansenhotel.no) wohnt man in einem renovierten Traditionshaus der gehobenen Mittelklasse am Hafen.
Günstig, aber dennoch komfortabel und obendrein ganz zentral wohnen? Dann geht es ins € **Stavanger Bed & Breakfast** (Vikedalsgata 1A, Tel. 45 41 31 60, https://stavangerbedandbreakfast.no).

RESTAURANT

Das modern eingerichtete und ganz informelle €–€€ **Fisketorget** (Strandkaien 37, Tel. 51 52 73 50, https://fisketorget-stavanger.no, Mo–Sa 11.00–24.00 Uhr) ist in Rogaland wahrscheinlich die beste und günstigste Adresse für alles, was aus dem Meer kommt.

UMGEBUNG

Berühmtester Platz zum Fjordgucken ist die 604 m hoch über dem Lysefjord thronende Felskanzel **Preikestolen** TOPZIEL (Wanderung hin und zurück etwa 4 Std., Preikestolen-Touren über die Touristinfo, Anfahrt per Auto über die Touristenstraße Ryfylkevegen, s. S. 71).

Stavangers schönste Seite, das Hafenbecken des Vågen (oben). Moderne Architektur in Stavanger: Clarion Hotel Energy (rechts)

Die Felskanzel **Kjerag** (Tourenbuchung über Touristeninformation) liegt am Lysefjordvegen (https://lysefjorden365.com/de), der eine Querverbindung ins Setesdal (siehe S. 113) darstellt.

INFORMATION

Stavanger turistinformasjon
Strandkaien 61, 4006 Stavanger
Tel. 51 85 92 00
www.fjordnorway.com/en/attractions/stavanger

2 Odda

Die Lage von Odda (5000 Einw.) am Ufer des Sørfjord und zu Füßen des Folgefonn-Gletschers ist beeindruckend. Wander- und Ausflugsmöglichkeiten sind schier unbegrenzt.

AKTIVITÄTEN

Geführte **Gletscherwanderungen** bietet Hardanger Brteføring an (Tel. 90 82 98 41, www.buarbreen.no), während **Trolltunga Aktive** (Vasstun 1, Tel. 99 11 21 21, http://trolltunga-active.com) vor allem den Aufstieg zur berühmten Felsnase Trollzunge im Programm hat.

HOTEL

Das €€€ **Trolltunga Hotel** (Vasstun 1, Tel. 40 00 44 86, www.trolltungahotel.no) liegt in einer Gartenanlage mit Seeblick. 42 einfache Zimmer, Verleih von Fahrrädern und Kanus.

UMGEBUNG

Das von der R 13 erschlossene **Oddadal** ist als „Tal der Wasserfälle" bekannt. Das am Ostufer des Sørfjords gelegene **Tyssedal** (6 km) lädt mit dem Norwegischen Wasserkraft- und Industriemuseum zu einem Gang durch die Geschichte der Hydroelektrizität ein (www.kraftmuseet.no, Juni–Aug. tgl. 10.00–17.00, sonst Di.–Fr. 10.00–15.00 Uhr).
Die **Baronie Rosendal** (45 km westl.) ist die einzige des Landes und zugleich das kleinste Schloss Skandinaviens (www.baroniet.no, Mitte Mai–Juni 11.00–16.00 Uhr stündl. Führungen, Juli 10.00–17.00 Uhr alle 30 Min., bis Anfang Sept. 10.30 und 16.00 Uhr).

Tipp

Ins Blaueis

Eine Wanderung zum Buarbreen im Odda-Tal ist ein „Muss". Da die Orientierung problemlos ist, kann man die Tour auf eigene Faust unternehmen: Ein Schild mit Aufschrift „Buar 6 km" weist ab der Hauptstraße den Schotterweg ins üppig grüne Buardal hinein zu einem Parkplatz. Dort beginnt die eigentliche Wanderung, die durchgehend mit einem

roten „T" markiert ist. Rund zwei Stunden sind es von hier aus zum tiefblau schimmernden Eissturz, in dem lavendelfarbene Grotten und Spalten klaffen.

INFORMATION
Odda Turistkontor, Torget 2
5750 Odda, Tel. 48 07 07 77
https://trolltunga.com und
https://hardangerfjord.com/de

3 Kinsarvik/Lofthus

Der 1000 Einw. zählende Doppelort ist „das" Ferienzentrum am Hardangerfjord. Gegründet wurde er bereits im 11. Jh. von Mönchen des Zisterzienserordens.

SEHENSWERT
Sehenswert sind die 1160 im romanischen Stil errichtete **Kinsarvik-Kirche** sowie die aus dem 13. Jh. stammende **Ullensvang-Kirche,** die dem gotischen Stil folgt (beide Mitte Juni bis Mitte Sept. tgl. 10.00–16.00 Uhr).

HOTEL
Das aus dem 19. Jh. stammende **€€€€ Ullensvang** (Tel. 53 67 00 00, www.hotelullensvang.no/en), einst Edvard Griegs Lieblingshotel, verspricht in jeder Hinsicht ein Nonplusultra.

UMGEBUNG
Die Wanderung zum „Wasserfall-Quartett" im **Husedal** (7 km südöstl.) ist etwa drei Stunden lang. Das 25 Fährminuten entfernte **Utne** präsentiert sich als malerische Holzhaussiedlung. Schmuckstück ist das Utne Hotel (siehe S. 21), Hauptsehenswürdigkeit das Hardanger Volksmuseum (https://hardangerfolkemuseum.no, Mai–Aug. tgl. 11.00–17.00, sonst nur Sa./So. 11.00–16.00 Uhr). 17 km südlich von Utne wurde mit dem **Agatunet** ein ganzes Dorf unter Denkmalschutz gestellt. Hier wohnten bereits Ende des 13. Jh.s Menschen (https://agatunet.no, Mitte Juni–Mitte Aug. Di.–So. 11.00 bis 16.00 Uhr).

INFORMATION
Kinsarvik Brygge
5780 Kinsarvik, Tel. 48 07 07 77
www.hardangerfjord.com/ullensvang

4 Eidfjord

Wilde Felsschluchten und dramatische Wasserfälle begründen die Berühmtheit von Eidfjord, das sich mit seinen 600 Einw. charmant an den gleichnamigen Fjord anlehnt.

SEHENSWERT
Highlight von Eidfjord ist der Anblick des **Vøringsfoss**, der sich an der nach Geilo ausgeschilderten R 7 ins 182 m tiefer gelegene Måbødal ergießt. Er ist der berühmteste Wasserfall des Landes.

AKTIVITÄTEN
Für sommerlichen **Extremsport** ist Best Adventures zuständig, beim Hardangervidda Naturzentrum gelegen (www.bestadventures.no, Tel. 47 60 68 47).

HOTEL
Das **€€–€€€ Eidfjord Hotel** (Tel. 48 88 19 44, https://eidfjord-hotel.no/en) ist ein charmantes 3-Sterne-Hotel, teils mit Fjordblick.

UMGEBUNG
Rund 20 km sind es von Eidfjord durch das wilde **Måbødal** bis hinauf zur Abbruchkante. Unterwegs lädt mit dem **Norwegischen Naturzentrum** eines der modernsten natur- und kulturhistorischen Erlebniszentren Norwegens ein (www.norsknatursenter.no, April–Okt. tgl. 10.00–18.00 Uhr).
Die **Hardangerbrücke** schwebt seit 2013 zwischen Bruravik und Brimnes auf 1380 m Länge 55 m hoch über dem Fjord. Es ist die längste und architektonisch eindrucksvollste Brücke des Landes.

INFORMATION
Eidfjord Turistkontor, Ostangvegen 1
Tel. 53 67 34 00, 5783 Eidfjord
https://hardangerfjord.com/de/eidfjord

5 Bergen

Die einstige Hansestadt wartet mit einzigartigen Sehenswürdigkeiten auf. Das 1070 gegründete und heute 295 000 Einw. zählende Bergen war lange Zeit die bedeutendste und größte Stadt des Nordens und von 1217 bis 1299 auch Residenz der norwegischen Könige.

SEHENSWERT
Zentrum der Stadt ist der Naturhafen **Vågen** mit dem angrenzenden Torget (Marktplatz) und Fischmarkt (Mai–Sept. tgl. 8.00–20.00, sonst tgl. ab 10.00 Uhr). Von hier geht es per Fährboot (Juni–Aug., sonst Bus Nr. 11) über das Hafenbecken hinüber zum **Bergen Aquarium**, eines der modernsten Europas (www.akvariet.no, Mai–Aug. tgl. 9.00–18.00, sonst 10.00–18.00 Uhr). Die im 12. Jh. errichtete **Marienkirche** ist das älteste Bauwerk der Stadt (Mitte Mai–Mitte Sept. tgl. 10.00–16.00 Uhr). Die beste Aussicht auf Bergen genießt man vom 320 m hohen **Fløyen** (Kabelbahn, www.floyen.no, Mo. bis Fr. 7.30–24.00, Sa., So. ab 8.30 Uhr) sowie vom 643 m hohen **Ulriken** aus (Seilbahn, http://ulriken643.no/en, April–Sept. 9.00 bis 23.00, sonst Di.–So. 9.00–19.00 Uhr).

MUSEEN
Ausgangspunkt für einen Besuch des zum UNESCO-Weltkulturerbes gehörenden Hanse-

Bryggen in Bergen (u. l.), Norwegisches Wasserkraft- und Industriemuseum bei Odda (r.), Hardanger Folkemuseum in Utne (u. r.)

viertels **Bryggen TOPZIEL** mit seinen bunten Holzhäusern aus dem frühen 18. Jh. ist das Infozentrum Bergen Meeting Point mit dem **Bryggens Museum**. Dieses informiert über die Geschichte der Hanse in Norwegen (https://bymuseet.no, Mai–Ende Sept. tgl. 10.00 bis 17.00, sonst tgl. 10.00–15.00 Uhr). Die Lebensbedingungen der Hansekaufleute sind Thema des **Hanseatischen Museums** (https://hanseatiskemuseum.museumvest.no/en, Mitte Mai–Sept. tgl. 10.00–17.00, sonst tgl. 11.00–15.00 Uhr). Entlang der Rasmus Meyers allé finden sich die Sammlungen, die Bergens Ruf als Kulturmetropole begründen. Sie gehören zum **KODE,** das aus insgesamt vier Abteilungen zu Kunst und Musik besteht (www.kodebergen.no, Mi.–Fr. 10.00–18.00, Sa./So. bis 16.00, Mitte Sept.–Mitte Mai Di.–So. 11.00 bis 16.00 Uhr). Nördlich des Zentrums zeigt das **Freilichtmuseum Gamle Bergen** über 40 authentisch eingerichtete Holzhäuser (https://bymuseet.no, Juni und Mitte Aug.–Anfang Sept. Mi.–So. 10.00–15.00, Juli–Mitte Aug. tgl. 10.00 bis 16.00, Führungen stündl. 9.00–15.00 Uhr).

VERANSTALTUNGEN

Nattjazz (Ende Mai/Anfang Juni, 11 Tage, www.nattjazz.no); **Festspillene i Bergen** (Ende Mai/Anfang Juni, 12 Tage, www.fib.no); **Grieg in Bergen** (Juli–Aug, 7 Tage, https://grieginbergen.com)

HOTELS

Eine beeindruckende Aussicht auf den Torget und das Hanseviertel bietet das **€€€ Scandic Torget Hotel** (Strandkaien 2B, Tel. 55 59 33 00, www.scandichotels.no).
Mitten im Zentrum liegt das ebenso schlichte wie preiswerte **€ Gullaksen Gjestehus** (Olav Kyrres gate 32, Tel. 47 87 77 77, www.gullaksen-gjestehus.no).

RESTAURANT

Das **€€–€€€€ Bryggen Tracteursted** (Bryggen, Tel. 55 33 69 99, www.bryggentracteursted.no) ist das älteste Gasthaus Norwegens.

UMGEBUNG

Zwei weitere Highlights finden sich südlich der Stadt und sind mit der Bybahn erreichbar. Erstes Ziel ist die Stabkirche von **Fantoft** (https://fantoftstavkirke.no, Mitte Mai–Sept. tgl. 10.30 bis 18.00 Uhr, Haltestelle Fantoft), der zweite Stopp hat **Troldhaugen** zum Ziel. Edvard Griegs ehemaliger Wohnsitz ist heute Museum (www.kodebergen.no, Di.–Fr. 11.00–18.00, Sa./So. bis 16.00 Uhr, Haltestelle Hop, ab dort ca. 25 Min. zu Fuß). Zahlreiche Tagestouren haben in Bergen ihren Ausgangspunkt. Unter ihnen ragt die Rundfahrt **Norway in a Nutshell** (www.fjordtours.com/de/norwegen/touren) heraus. Sie berührt per Zug, Boot und Bus einige der schönsten Teile Westnorwegens.

INFORMATION

Turistinformasjon i Bergen
Strandkaien 3, 5012 Bergen
Tel. 55 55 20 00
https://de.visitbergen.com

PREIKESTOLEN – WELTBERÜHMTE FELSKANZEL

604 Meter tief fällt der Blick vom fast quadratischen, ca. 25 mal 25 Meter messenden Plateau des Preikestolen in den Lysefjord hinunter, der von über 1000 Meter hohen Steilwänden flankiert wird. Angesichts des wundervollen Panoramas, das sich von dieser Felskanzel aus bietet, wird offenbar, warum der „Predigerstuhl" im Ruf steht, einer der beeindruckendsten Aussichtspunkte der Welt zu sein. Eines der spektakulärsten Fotomotive Norwegens ist er definitiv, und wenn Sie schwindelfrei sind, dann müssen Sie einfach mal bis zum ungesicherten Rand des Abgrunds vorrobben, um mit Blicken wie aus dem Flugzeug belohnt zu werden.

Selbst wer sich im Hintergrund hält, erntet reichsten Panoramalohn. Aber man bekommt ihn nicht geschenkt, sondern muss ihn sich im Rahmen einer Wanderung durch die herrliche Natur des Fjordlands erarbeiten: Etwa zwei bis drei Stunden dauert der durchaus schweißtreibende, weil zum Teil recht steile Anstieg, bei dem ca. 330 Höhenmeter bewältigt werden müssen. Gute Wanderschuhe, Trittsicherheit und ein wenig Ausdauer sind ein Muss, aber Orientierungsprobleme gibt es keine, ist doch der recht stark frequentierte Weg mit einem rotem T gut markiert.

Am Preikestolen: Der Weg ist das Ziel … oder doch eher die grenzenlose Aussicht?

Startpunkt der Tour ist der auf 275 Meter Höhe gelegene Parkplatz der Preikestolhytta, von wo es durch Wald bergauf zu einem Höhenrücken geht. Ebenerdig geht es weiter dahin, teils über gelegte Bohlenpfade, bis sich der letzte und mitunter etwas steile Aufstieg anschließt, der direkt auf das Panoramaplateau der weit vorspringenden Kanzel führt.

Der Weg: Die Distanz zum Preikestolen (604 Meter) beträgt hin und zurück rund 11 Kilometer, für die vier bis fünf Stunden benötigt werden; der Weg ist gut präpariert und problemlos begehbar.

Infos: https://preikestolen365.com/de

Geführte Touren ab Stavanger sind buchbar über das dortige Touristenbüro oder auf www.lysefjordenadventure.no (ab ca. 100 €).

DAS SCHÖNSTE REISEZIEL AUF ERDEN

Der große Dreiklang von Wasser, Grün und Stein durchtönt ganz Norwegen, wie man nirgends deutlicher gewahr wird als im nördlichen Fjordland. In der Welt des internationalen Tourismus nimmt es eine herausragende Stellung ein und gilt manchen gar als schönstes Reiseziel auf Erden.

Vom Hausberg Aksla aus ist die traumhafte Lage von Ålesund, das sich auf mehrere Inseln im Fjord verteilt, gut ersichtlich.

„König der Fjorde“ wird der Sognefjord genannt. Er schneidet eine 204 Kilometer lange Kerbe ins Land, die stolze 1308 Meter Tiefe misst. An seinen Ausläufern fingert er sich in mehrere kleinere Seitenarme auf, etwa den Fjærlandsfjord (rechts).

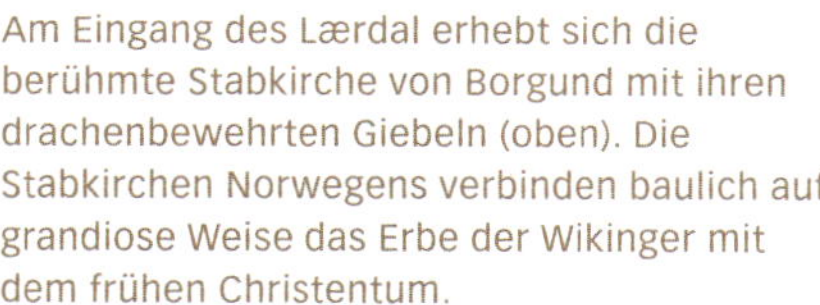

Am Eingang des Lærdal erhebt sich die berühmte Stabkirche von Borgund mit ihren drachenbewehrten Giebeln (oben). Die Stabkirchen Norwegens verbinden baulich auf grandiose Weise das Erbe der Wikinger mit dem frühen Christentum.
Mitte rechts: In weiten Schwüngen erschließt die Sognefjellstraße die Bergwelt des Jotunheimen-Nationalparks, hier bei Koryen.

„Nimm mich mit auf die Reise!“ – Neugierige Ziegen machen selbst am Sognefjord ihrem Ruf als unerschrockene Haustiere mit Pioniergeist alle Ehre.

Zwischen dem Sognefjord und dem Nordfjord liegt der größte Gletscher Europas, der Jostedalsbreen, ein 500 Meter mächtiger Eispanzer mit 26 Gletscherzungen. Wie sie alle, so schmilzt auch der Nigardsbreen durch den Klimawandel.

Das nördliche Fjordland umfasst ein Reich, in dem die Natur in ihren eindrucksvollsten Erscheinungsformen auftritt. Es sind dies vielgestaltige und majestätische, bis über 200 Kilometer weit eingeschnittene Fjorde, von bis zu 1300 Meter hohen Felshängen umschnürt; tiefe Wasser in irisierendem Grünblau, dunkle, schier bodenlose Schluchten, in Gold und Rosa getauchte Schwingen gewaltiger Trogtäler, Licht, so weich wie Regenwasser ...

„KÖNIG DER FJORDE"

Der Sognefjord gilt als Inbegriff norwegischer Landschaftsmajestät und zieht sich mit zahlreichen Seitenarmen als längster Fjord der Welt von der schärenreichen Westküste nördlich von Bergen 204 Kilometer tief ins Herz der Bergwelt von Jotunheimen, Hardangervidda und Jostedalsbreen hinein. Mal bildet er mächtige Weiten, mal enge Schluchten und kann dabei von Wänden eingefasst sein, die bis zu 1308 Meter tief im Wasser wurzeln und sich wiederum bis über 1000 Meter über den Fjordspiegel hinaufrecken zu den Gebirgen, über denen als eisige Zeitzeugen die größten Gletscher Europas im Äther zu schwimmen scheinen und in blendend weißen Flammen gegen den tiefblauen Samtvorhang des Himmels lodern. Jeder Fjordarm, ja jeder Fjordabschnitt hat seinen eigenen Charakter, aber ihn in Worte zu fassen, ist unmöglich, entzieht er sich doch als Bild und Ereignis zugleich den Möglichkeiten der Sprache. Man muss sich darum auch per Boot durch die Landschaft bewegen, und besonders die Fahrt über den seit Sommer 2005 auf der UNESCO-Weltnaturerbeliste geführten Nærøyfjord gehört zu den ganz großen Erlebnissen einer Skandinavien-Reise.

Gletscher-Sightseeing ist ein weiteres Highlight am Sognefjord. Aber nicht nur die Natur gibt sich hier besonders spektakulär, vielmehr ist es gerade die Kombination von atemberaubenden Landschaften mit den Zeugnissen einer jahrhundertealten Kultur. Von einzigartigem Reiz sind vor allem die sechs Stabkirchen (siehe S. 108ff.), die das Umland des Sognefjords säumen: Während die Stabkirche von Urnes die älteste und am reichsten mit Schnitzereien verzierte des Landes ist, gilt die Stabkirche von Borgund als das besterhaltene Beispiel norwegischer Holzbaukunst überhaupt. Sie liegt am Lærdalselv – und wo dieser bereits im 19. Jahrhundert von britischen Adeligen entdeckte „König der norwegischen Lachsflüsse" in den Sognefjord mündet, erstreckt sich der malerische Fjordort Lærdal. Er ist eine von 21 Destinationen in Südnorwegen, die sich mit dem Gütesiegel „Bærekraftig Reisemål" schmücken dürfen, der nationalen Auszeichnung für nachhaltige Reiseziele.

ACHTUNG: LEBENSGEFAHR!

Die Umwelt schützen, die lokale Wirtschaft fördern, intensive Begegnungen ermöglichen, voneinander lernen – nachhaltiger Tourismus übernimmt Verantwortung für Umwelt und Gesellschaft und ist in Norwegen tief verwurzelt. Dies spiegelt sich auch in der Haltung der Menschen hinsichtlich der Erhaltung und Nutzung der Wildnis wider: Wer etwa beim Gletscher-Sightseeing über die Abspannungen hinausgeht und dabei von einer Norwegerin oder einem Norweger ertappt wird, darf sich nicht wundern, wird er streng zurechtgewiesen. Besonders am Nigardsbreen, einem Seitenarm des Jostedalsbreen und meistbesuchte Gletscherzunge des Landes, ist diese Unsitte häufig zu beobachten. Doch es kann nicht eindringlich genug davor gewarnt werden, Gletschergänge alleine zu unternehmen und Warnschilder und Absperrungen auf die leichte Schulter zu nehmen.

WEISSES MEER AUS EWIGEM EIS

Wer mehr sehen will als nur den tiefblau schimmernden Eissturz von unten, sollte sich einer geführten Gletschertour anschließen, in deren Rahmen man von den versierten Führern spannende Hin-

Steile Bergflanken prägen das Romsdal: Ausblick auf das 1555 m hohe, berühmte Romsdalhorn (oben), im Vordergrund die breit strömende Rauma. Die Kreuzkirche bei Medalen (unten) wurde nach Abriss 1902 wieder erbaut, besitzt aber noch ihren alten Altar von 1769, den schöne Akanthus-Schnitzereien zieren.

Bis weit über 1000 m ragen die grauschwarzen, fast senkrechten Felswände der Geirangerfjord-Schlucht auf. Von der Hochfläche stürzen die silbern glitzernden Wasserfälle De Syv Søstre („Die Sieben Schwestern"), Friaren („Der Freier") und Brudesløret („Der Brautschleier") herab.

Ålesund vom Hausberg Aksla gesehen. Die Stadt ist der größte Exporteur von Klippfisch.

Jugendstilbauten sind in Norwegen selten, in Ålesund aber an vielen Stellen anzutreffen, hier am Hafen Brosundet (oben).

Die Rauma durchströmt den Romsdalsfjord und erreicht am Moldefjord das Meer. Im Städtchen Molde ist das Klima so mild, dass Rosen und Kastanien gedeihen – dem Golfstrom sei Dank.

Moldes moderne Seite: das Scandik Seilet Hotel

T-Shirt-Wetter in Ålesund an der Hafenbar

Special

Geologie

Spuren der Eiszeit

Dank dem Gletscherschliff der Eiszeiten hebt sich Norwegen mit seiner außergewöhnlichen Vielfalt an Landschaftsformen deutlich von allen anderen Ländern Europas ab.

Mit Beginn der Kaltzeit fiel die Schneegrenze um bis zu 1200 Meter. Die Schneemassen häuften sich insbesondere in den Hochlagen an, wandelten sich in Firn, dann in Eis, das sich ab einer bestimmten Mächtigkeit als Gletscher in Bewegung setzte. Die einzelnen Gletscherströme vereinigten sich zu einer Eiskappe, die den gesamten europäischen Norden bedeckte; sie soll bis zu drei Kilometer dick gewesen sein. Unter diesem gigantischen Gewicht wurden große Teile Skandinaviens auf ein Niveau unterhalb des heutigen Meeresspiegels gedrückt.

Mit Rückzug des Eises hob sich das Land wieder. Das Eis veränderte auch die Oberflächengestalt, grub Trogtäler ein, die sich – wo längs der Küste gelegen – in die heutigen Fjorde verwandelten. Seitentäler, die der Eisfräse nicht so stark ausgesetzt waren, wurden zu Hängetälern, aus denen sich heute die monumentalsten Wasserfälle ergießen. Und wo der Eispanzer nicht durch vorgegebene Felsrinnen schürfen konnte, da rundete und glättete er das Gestein und schuf so den Relieftypus des Fjell, worunter man die hügeligen Regionen oberhalb der Baumgrenze versteht.

Gletscherzunge Nigardsbreen

tergrundinformationen zu den norwegischen Gletschern erhält. Unter ihnen ist der Jostedalsbreen der größte Plateaugletscher des europäischen Festlandes, und so verwundert es nicht, dass die gesamte Region im Norwegischen als Breheim bezeichnet wird. Dieses „Gletscherheim“ steht als Jostedalsbreen- und Breheimen- Nationalpark unter Schutz. Mit über 600 000 Besuchern jährlich gehört das Eisrefugium zu den bedeutendsten Sehenswürdigkeiten des Landes.

EIN MAJESTÄTISCHES NATURWUNDER

Auf dem Oberdeck des Ausflugsbootes M/S „Geirangerfjord“ sitzend, kann man kaum glauben, was man zu sehen bekommt: Steil und sagenhaft recken sich dort die grauschwarzen Felswände der Geirangerfjord-Schlucht bis weit über 1000 Meter hoch senkrecht über den Meeresspiegel hinaus, wo auf schmalen Simsen die Bergbauernhöfe Knivsflå und Skageflå balancieren und wo von unerreichbar scheinenden Graten die silbern glitzernden Wasserfälle De Syv Søstre („Die Sieben Schwestern“), Friaren („Der Freier“) und Brudesløret („Der Brautschleier“) herabstürzen. Kein Ort im Lande kommt an Geiranger heran. Dass Geiranger mehr als 5000 Gästebetten zählt und im Sommer entsprechend völlig überlaufen ist, spricht für sich.

Die besten Restaurants mit Aussicht

TAFELN MIT TRAUMBLICK

An den „One Million Dollar Views", wie es die Tourismuswerbung sagt, kann sich wohl kein Land der Welt mit Norwegen messen. Wo zur reinsten Augenverführung auch kulinarische Genüsse der Spitzenklasse einladen, will dieses Ranking aufzeigen. Es stellt unsere Lieblingsrestaurants mit Berg-, Meer- und Fjord- beziehungsweise auch Stadtpanorama vor.

2

4

1 Skyline Sitting

Was wäre schöner als ein Sommernachts-Rendezvous auf der Dachterrasse von Oslos feinstem Designhotel? Dann liegt Goldlicht auf dem Fjord, spiegelt sich in der schimmernden Skyline des ehemaligen Hafenviertels Tjuvholmen und bringt die Festungswälle der Stadtburg Akershus zum Glühen. Ein ähnlich romantisch-elegantes Setting vor solchem Panorama wird man nirgends sonst in Oslo genießen können. Natürlich sind auch Speise- und Getränkekarte ganz dem Superlativ verpflichtet. Man kommt, genießt – und fragt nicht nach dem Preis …

Thief Rooftop Bar
Landgangen 1, Tjuvholmen
0252 Oslo, Tel. 24 00 40 00
https://thethief.com
April–Sept. Mo.–Do. ab 16.00, Fr.–So. ab 14.00 Uhr

2 Am Oslofjord

Ein lauer Sommerabend auf Bygdøy, man ist vielleicht müde vom Museumsbummel, möchte am Meer sitzen und bei Champagner oder Chablis die Sonne im Fjord versinken lassen. Dann nimmt man in Oslo vom Herbernveien aus das Fährmotorboot nach Lille Herbern mit dem gleichnamigen Fischrestaurant. Das wird bereits seit 1929 als Lokal genutzt und ist der Sommerrenner im Oslofjord.

Lille Herbern
Herbernveien, Bygdøy
0286 Oslo, Tel. 22 44 97 00
www.lilleherbern.no
Mitte Mai–Sept. tgl. 14.00 bis 23.00 Uhr

3 Sehen und gesehen werden

Nobles Ambiente in einer herzlichen, edlen Atmosphäre: Das Theatercafeen im Hotel Continental ist nicht nur ein Wahrzeichen Oslos, sondern auch eines der wenigen originalgetreu erhaltenen Jugendstil-Kaffeehäuser Europas. Das Stammlokal von Knut Hamsun ist heute Prominententreff und Sehenswürdigkeit.

Theatercafeen
Stortingsgt. 4–6
0117 Oslo, Tel. 22 82 40 50
www.theatercafeen.no
Mo.–Sa. 11.00–24.00 , So. ab 16.00 Uhr

4 Fisch im Leuchtturm

Schärenpanorama und dazu die Bouillabaisse sind diesen Abstecher wert. Eingerichtet im lichtdurchfluteten Wohnzimmer des ehemaligen Leuchtturmwärterhäuschens, gilt Stangholmen Fyr als eine der originellsten Feinschmeckeradressen am Skagerrak und ist küstenweit bekannt für seine Fischgerichte und Meeresfrüchte.

Stangholmen Fyr
4950 Risør, Tel. 90 09 34 00
www.stangholmen.no
22. Juni–11. Aug. tgl. ab 14.00 Uhr
Anfahrt: mit dem Bootszubringer ab dem Kai in Risør neben der Polizeistation, ca. 7 Min., Fahrplaninfo Tel. 37 15 24 50

5 In luftiger Höhe

Der (auch wandernd erreichbare) Bergbauernhof Westerås Gård bietet Traumpanoramen in jede Richtung, und dies vor allem von der über dem Geiranger thronenden Speiseterrasse. Entsprechend gibt es zum außerordentlich leckeren Essen der norwegischen Traditionsküche reinste Augenverführung.

Vesterås Gård
Geirangervegen 320
6216 Geiranger
Tel. 92 64 95 27
www.facebook.com/westeraasgard
Mi.–Mo. 12.00–16.00 und 8.00–21.00 Uhr, im Sommer tgl.

6 Rahmgrütze und mehr

Was es von diesem grasgedeckten Blockbau aus zu bestaunen gibt, hat weltweit kein Gegenstück: Gipfel um Gipfel, sage und schreibe 222 Stück, davon 87 bis über 1000 m hoch. „Ich kenne kein einziges Land, das solch eine großartige Schönheit besitzt, wie man sie hier in Sunnmøre findet" – sagte einst der britische Bergsteiger W. C. Slingsby im Angesicht dieses Molde-Panoramas. Auch Queen Elizabeth und Jimmy Carter fanden „amazing", was sie von der Speiseterrasse der 407 m hoch über Molde gelegenen „Varde-Stube" aus bei Rahmgrütze mit Rauchfleisch zu sehen bekamen.

Vardestua, 6429 Molde,
Tel. 91 18 58 36
www.vardestua.no
Mai–Sept./Okt. Do.–So. 12.00–18.00 Uhr, Juni–Aug. tgl. Vom Zentrum Molde in ca. 10 Min. mit dem Auto/Taxi oder zu Fuß in etwa 1 Std., ab Hafen ausgeschildert bzw. markiert.

Maßstab 1:950.000
0
10km
NORSKEHAVET
Kristiansund
Molde
Alesund
Averøya
Fræna
Hustadvika
Harøya
Fjørtoft
Flemsøya
Haramsøya
Løvsøya
Vigra
Giske
Godøy
Ellingsøya
Oksenøya
Sula
Hareid
Runde
Sørøyane
Nerlandsøy
Bergsøy
Gurskøy
Sandsøy
Kvamsøy
Stadlandet
Stadhavet
Sildegapet
Vågsøy
Bremangerlandet
Frøya
Hovden
Bremanger
Rauma
Romsdalen
Åndalsnes
Sunnmøre
Ørsta
Volda
Stryn
Olden
Loen
Geiranger
Geirangerfjorden
Dalsnibba
Jostedalsbreen nasjonalpark
Sogn og Fjordane
Nordfjord
Sognefjorden
Førde
Florø
Askrova
Fjaler
Høyanger
Sogndalsfjøra
Lærdalsøyri
Aurland
Flåm
Vassbygda
Askvoll
Atløy
Værlandet
Hurtigruta
Hurrungane
Skridulaupen
Heimdal
1
2
3
4
5
6
7

TOP-HIGHLIGHT VON SKANDINAVIEN

Für viele Besucher ist es hier und nirgendwo sonst zu finden, das „wirkliche" Norwegen, und schon seit über 100 Jahren gehen Postkarten vom nördlichen Fjordland um die Welt, wo gleich drei Highlights als Weltnatur- beziehungsweise Kulturerbe auf der Liste der UNESCO stehen.

1 Flåm/Aurland

Landschaftsbilder, wie man sie ähnlich dramatisch selbst in Norwegen kein zweites Mal zu Gesicht bekommt, prägen das Umfeld dieser beiden Ferienstädtchen (je ca. 450 Einw.).

SEHENSWERT
Flåm ist Endstation bzw. Ausgangspunkt der **Flåmsbahn.** Die Fahrt dauert 45 Min. je Weg (www.norwaysbest.com). Das **Flåmsbahn-Museum** informiert über den Bau der Bahnstrecke zwischen 1922 und 1940 (www.norwaysbest.com, Mai–Sept. 9.00–17.00 Uhr). Flåm ist zudem End- bzw. Startpunkt des Wanderwegs **Rallarvegen** (siehe S. 114).
Hauptattraktion sind die **Fjordfahrten** durch den von bis zu 1200 m hohen Felswänden gesäumten **Nærøyfjord** TOPZIEL, der 2005 zum Weltnaturerbe erklärt wurde.

HOTEL
Die Jugendherberge €–€€ **Flåm Vandrerhjem** (Flåm, Tel. 94 03 26 81, www.flaam-camping.no, nur April–Sept.) bietet viel fürs Geld, auch Vermietung von Hütten.

UMGEBUNG
14 km nordwestlich von Flåm liegt **Undredal.** Dessen Stabkirche ist mit nur 40 Sitzplätzen die kleinste Kirche Norwegens. 24 km sind es von dort aus über die Stalheimskleivi-Straße (13 Kehren, 20 % Steigung) nach **Stalheim.**
Für die Weiterreise gen Sogndal bieten sich der (nicht mautpflichtige) Lærdal-Tunnel als längster Straßentunnel der Welt (24,3 km) oder die Nationale Touristenstraße Aurlandsfjellet (siehe S. 94) an. Ziel ist **Lærdal** mit 160 denkmalgeschützten Häusern und dem Norwegischen Lachszentrum (www.villakssenter.no/laerdal, Mitte Juni–Aug. tgl. 10.00–18.00, Sept. bis 16.00 Uhr). 28 km entfernt liegt die **Stabkirche von Borgund** (www.stavechurch.com, Mitte April–Sept. tgl. 9.30 bis 17.30 Uhr).

INFORMATION
Flåm Turistinformasjon, Bahnhof, 5743 Flåm
Tel. 57 63 14 00, www.norwaysbest.com und https://de.sognefjord.no
Tel. 57 63 13 33, www.sognefjord.no

Die älteste erhaltene Stabkirche des Landes steht in Urnes.

2 Sogndal

Das charmante Städtchen (4500 Einw.) ist das touristische Zentrum am Nordufer des Sognefjords mit großem Angebot an Touren, Ausflügen sowie Aktivitäten.

SEHENSWERT
Hauptsehenswürdigkeit ist die an der E 16 bei Kaupanger (11 km südwestl.) stehende **Stabkirche von Kaupanger** aus dem 12. Jh. (www.stavechurch.com, 15. Juni–15. Aug. tgl. 10.00 bis 17.00 Uhr). 4 km Richtung Kaupanger liegt das **Sogn Folkemuseum** mit 35 historischen Gebäuden (https://misf.no/de-heibergske-samlinger, Juni–Aug. tgl. 10.00–17.00, sonst Mo.–Fr. 10.00–15.00 Uhr), und in der Nähe das **Sogn Fjordmuseum** mit historischen Booten (Öffnungszeiten wie Folkemuseum).

HOTEL
Beim €€€€ **Hofslund Fjord Hotel** (Ortsausgang Richtung Kaupanger, Tel. 57 62 76 00, www.hofslund-hotel.no) handelt es sich um ein schickes Holzhhotel am Fjord.

UMGEBUNG
33 km trennen Sogndal von **Fjærland.** Der vielleicht schönste Fjordort liegt in der gletscherreichsten Region Norwegens. Vom Norwegischen Gletschermuseum (www.bre.museum.no, Juni–Aug. tgl. 9.00–19.00, April, Mai, und Sept. tgl. 10.00–16.00 Uhr) startet zwischen Mai und Sept. der Gletscherbus zum Gletscher-Sightseeing. Das schmucke **Solvorn** (17 km nördl.) ist Sitz des Walaker Hotels (siehe S. 20) und Ausgangspunkt für die Fährfahrt (www.lustrabaatane.no, Mai–Sept., 9-mal tgl.) zur berühmten **Stabkirche von Urnes** TOPZIEL, die um 1060 erbaut wurde und zum Weltkulturerbe zählt (www.stavechurch.com, Mai–Sept. tgl. 10.30–17.45 Uhr).
In Gaupne (32 km nördl.) geht es zum Gletscher Nigardsbreen ab. Kurz davor liegt das Jostedalen-Breheimsenteret (http://jostedal.com, Mai–Sept. tgl. 10.00–17.00, Mitte Juni bis Ende Aug. 9.00–19.00 Uhr) nahe dem Ufer des Gletschersees zu Füßen des **Nigardsbreen** TOPZIEL. Mit dem Boot (https://urnesstavkirke.no, Ende Mai–Sept. tgl. 10.00–18.00 Uhr) sind es 20 Min. bis zur Gletscherzunge.
Für die Weiterreise gen Norden bietet sich ab Gaupne die Nationale Touristenstraße Sognefjellet an (siehe S. 95).

INFORMATION
Visit Sognefjord, Trolladalen 30
6856 Sogndal, Tel. 91 35 06 59
https://de.sognefjord.no

3 Geiranger

Der Anblick von Geiranger, einem idyllischen Dorf (250 Einw.) im Saum steilster Berge, ist schlicht einzigartig.

SEHENSWERT
Der 16 km lange **Geirangerfjord** **TOPZIEL**, oft als „Fjord aller Fjorde" bezeichnet, gehört zum Weltnaturerbe der UNESCO. Highlight des **Geiranger Fjordsenter** ist die Multimedia-show „Von den Bergen bis zum Fjord" (www.fjordsenter.com, Mai–Sept. tgl. 9.00–19.00, sonst 10.00–16.00 Uhr). Lohnend: die Fjordtour inkl. der **Wasserfälle** „Sieben Schwestern" (Geiranger Fjordservice, Tel. 70 26 30 07, www.geirangerfjord.no). Der gleiche Anbieter hat auch Seekajaktouren im Programm.

HOTEL/RESTAURANT
Im noblen **€€€€ Union Hotel** (Geirangervegen 100, Tel. 70 26 83 00, https://www.unionoye.no) logierten schon Kaiser Wilhelm, Karen Blixen oder auch Henrik Ibsen. Im historischen Speiseraum isst man vorzüglich, kleine Gerichte werden im Palmen-Wintergarten serviert.

UMGEBUNG
Die Nationale Touristenstraße Geiranger (s. S. 94) verbindet Jotunheimen und Trollstigen. Direkt südlich steigt sie als Geirangervegen über 20 Serpentinen zur **Djupvasshytta** auf 1038 m Höhe an und passiert unterwegs, bei Km 4, mit **Flydalsjuvet** die berühmteste Postkartensicht auf Ort und Fjord. Der Ausblick von der Hytta (https://djupvasshytta.no) ist beeindruckend, doch schöner noch vom 1494 m hohen Gipfel der **Dalsnibba** (https//:dalsnibba.no), wohin es über elf Serpentinen weitergeht. Von Geiranger aus gen Norden verläuft der Ørneveien mit zahlreichen Spitzkehren zur 625 m hohen „Adlerkurve" mit **Panoramaplattform.**

INFORMATION
Geiranger Fjordservice, 6216 Geiranger
Tel. 70 26 30 07, www.visitgeiranger.com

Tipp

Auf den Aksla

Folgt man dem Treppenstieg, der im Stadtpark von Ålesund am Ende der Lihauggata seinen Anfang nimmt, sind es genau 418 Stufen zum Hausberg Aksla hinauf, der mit seinen beiden Aussichtspunkten Fjellstua und Kniven zu den herausragenden Attraktionen der Stadt gehört (und über die Straßen Borgundveien/Fjelltunveien auch fahrend erreicht werden kann). Aus 189 m Höhe genießt man ein wahres Postkartenpanorama in naher Vogelperspektive auf und über ganz Ålesund hinweg bis hin zu den Alpen von Sunnmøre.

Ausblick in die wilde, karge Landschaft zwischen Geiranger und Djupvasshytta

4 Ålesund

Die auf drei Inseln gelegene Stadt (58 000 Einw.) ist ein einzigartiges städtebauliches Denkmal des Jugendstils.

SEHENSWERT
Die gepflegte Fußgängerzone **Kongensgate** bietet eine Sammlung schmucker Jugendstilhäuser. Das **Jugendstilzentrum** informiert über Stadtbrand, Wiederaufbau sowie den ungewöhnlichen Jugendstil am Ort (www.vitimusea.no, tgl. 10.00–17.00 Uhr).

HOTEL/RESTAURANT
Das **€€€€ Hotel Brosundet** (Apotekergate 5, Tel. 70 11 45 00, www.brosundet.no) ist ein denkmalgeschütztes Speicherhaus mit Zimmern im „Designer-Stil". Das am Brosund gelegene Fischrestaurant **€€–€€€€ Sjøbua** (Brunholmgate 1, Tel. 70 12 71 00, https://sjoebua.no, Di.–Sa. ab 17.00 Uhr) gilt als eines der besten von Westnorwegen.

UMGEBUNG
Der **Atlantikpark** (3 km östl.) ist eines der größten Aquarien des Landes (https://de.atlanterhavsparken.no, Juni–Aug. tgl. 9.00–17.00, sonst Mo.–Sa. 11.00–16.00, So. bis 18.00 Uhr). 4 km westlich liegt das **Sunnmøre Museum** in einem weitläufigen Park (www.vitimusea.no Mai–Sept. tgl. 10.00–17.00, sonst Di.–So. 12.00–16.00 Uhr).

INFORMATION
Turistinformasjon Ålesund, Skateflukaia
6002 Ålesund, Tel. 70 30 98 00
www.fjordnorway.com/de/reiseziele/alesund--geiranger

5 Åndalsnes

„Alpenstadt" ist die sprechende Bezeichnung für dieses Städtchen (2500 Einw.), das mit alpinen Panoramen wirbt.

ERLEBEN
Nirgends rufen die Berge lauter als hier. Das Touristenbüro informiert über Wanderrouten und vermittelt **Berg- und Kletterführer.** Highlight der Stadt aber ist die 2021 fertiggestellte **Romsdalsgondolen,** die in rund 5 Min. vom Touristenbüro auf den 708 m hohen Nesaksla führt, von wo aus sich ein atemberaubendes Panorama bietet (www.romsdalen.no/romsdalsgondolen, ganzjährig Do.–So. 12.00 bis 20.30, im Sommer tgl. 10.00–23.00 Uhr). Rund 115 km sind es nach Dombås (S. 115): Entspannter als per Auto ist die Fahrt durchs Romsdal mit der **Rauma-Bahn**, die im Sommer sogar Sightseeing-Stopps einlegt. Der spektakulärste Abschnitt beginnt 5 km außerhalb der Stadt mit Aussicht auf das **Romsdalshorn.** Ein Stück weiter steigt mit der **Trollveggen** Europas höchste senkrechte Felswand 1000 m auf – perfekt im Blick hat man sie beim **Trollveggen Besucherzentrum** (www.visit-trollveggen.com, Tel. 95 89 80 00, Mitte Juni–Mitte Aug. tgl. 9.30–19.00 Uhr).

UMGEBUNG
5 km östlich startet bzw. endet der **Trollstigen** **TOPZIEL,** der sich auf 18 km Länge mit einer Steigung von 12 % in elf Serpentinen in die Höhe schraubt.

INFORMATION
Åndalsnes & Romsdal Reiselivslag
Jernbanegate 1, 6300 Åndalsnes
Tel. 90 11 72 36, www.romsdalen.no

6 Molde

Gegründet wurde Molde (22 000 Einw.) als Handelsplatz im 14. Jh., vollständig zerstört wurde es 1940 durch deutsche Bombardements.

SEHENSWERT
Das Moldepanorama mit Fjord und Bergen, in Vollendung vom Hausberg **Varden** aus zu genießen, ist „die" Attraktion der Stadt. 50 historische Bauwerke machen das **Romsdalsmuseum** zu einem der größten des Landes (Per Amdams veg 4, Tel. 71 20 24 60, www.romsdalsmuseet.no, Ende Juni–Ende Aug. tgl. 11.00–16.00 Uhr). Die Nationale Touristenstraße Atlanterhavsvegen (siehe S. 94) führt nach Kristiansund.

JA NATÜRLICH

VERANSTALTUNGEN
Das **Molde Internasjonale Jazz Festival** (www.moldejazz.no, Juli, 6 Tage) zieht bis zu 100 000 Besucher an und ist das älteste Jazzspektakel Europas.

HOTEL
Der einem Segel nachempfundene Bau des **€€€ Scandic Seilet Hotel** (Gideonveien 2, Tel. 71 11 40 00, www.scandichotels.no, Bild S. 79) am Fjord ist mit Abstand der auffälligste in Molde.

INFORMATION
Ein Touristenbüro gibt es nicht mehr, www.fjordnorway.com/de/sehenswurdigkeiten/molde informiert umfassend

7 Kristiansund

Gegründet 1692 als Handelsplatz für Klippfisch, wuchs die Stadt bis 1940 zu einer der schönsten Holzhausstädte heran – bis 60 % der Stadt im deutschen Bombenhagel in Schutt und Asche fielen (25 000 Einw.).

SEHENSWERT
Der **Hafen** gibt ein prachtvolles Bild ab. Er ist sicherster Naturhafen Norwegens und Zentrum der Stadt. Das **Klippfischmuseum** zeichnet die Klippfischgeschichte auf (https://nordmorsmusea.no/klippfiskmuseet, Mitte Juni–Aug. Di.–So. 11.00–16.00 Uhr) nach. Die **Mellemværftet** ist eine der letzten authentischen und noch betriebenen Werften aus der Zeit der Windjammerzeit (geöffnet wie Klippfischmuseum, Führung zu jeder vollen Stunde).

EINKAUFEN/VERANSTALTUNG
Klippfisch kann man in Kristiansund in fast allen größeren Supermärkten erstehen; er ist geruchssicher verpackt und monatelang haltbar. Beim **Klippfischfestival** (Mitte Juni im Klippfischmuseum, siehe oben) dreht sich vier Tage alles um Klippfisch.

HOTEL/RESTAURANT
Im **€€€ Thon Hotel Kristiansund** (Fiskergate 12, Tel. 71 57 30 00, www.thonhotels.no) liegen die schönsten Zimmer im alten Trakt, einem renovierten Speicherhaus.
Preisgekrönt für seine Klippfischgerichte ist das **€€€ Sjøstjerna Fiskerestaurant** (Skolegate, Tel. 71 67 87 78, www.sjostjerna.no, Di. bis Sa. 12.00–24.00 Uhr).

UMGEBUNG
Der schönste Tagesausflug führt zum 14 km weit vorgelagerten **Archipel von Grip**, aus rund 80 Inseln und Schären bestehend, früher bewohnt, heute museumsreife Ferieninseln (www.gripruta.no, Boote Ende Mai–Ende Aug. ein- bis zweimal tgl.).

INFORMATION
Kristiansund Turistkontor
Hauggata 2,6509 Kristiansund, Tel. 71 58 54 40, www.visitkristiansund.com

VOGELBEOBACHTUNG VOM FEINSTEN

Die nahe Ålesund gelegene Insel Runde ist mit mehr als 200 verschiedenen Seevogelarten und rund 250 000 gefiederten Paaren die artenreichste Seevogelkolonie Norwegens, dabei die einzige südlich des Polarkreises und obendrein diejenige mit der besten Infrastruktur zur Vogelbeobachtung.

Die Insel Runde präsentiert sich als 6,4 Quadratkilometer großer und bis über 300 Meter hoch ansteigender Felsklotz, der nur im Osten von einem flachen Küstenstreifen gesäumt wird. Dort leben die 100 Insulaner in den beiden Dörfern Runde und Goksøyr. Da sich die eigentlichen Vogelfelsen aber auf der Nord- und insbesondere Westseite der Insel erheben, muss, wer auf Vogelbeobachtung gehen will, an einer Bootstour teilnehmen oder wandern – am besten beides, denn gut von Land aus zu beobachten ist nur der Papageitaucher. Auch die Tour mit dem Seekajak ist für erfahrene Kanuten ein unvergessliches Erlebnis – bei ruhiger See und vorheriger Information über die aktuellen Wetterbedingungen.

Papageitaucher, die ihre Beute quer im Schnabel transportieren, sind die Stars auf Runde. Weitere Vögel, die für Begeisterung sorgen: Tordalken, Basstölpel und Trottellummen.

Das Schild „Fyglefjellet“ weist ab Goksøyr den (nicht zu verfehlenden) Wanderweg zum „Vogelberg“ Kaldekloven, den man nach etwa 30 Minuten erreicht und der ein Logenplatz zur Beobachtung der Papageitaucher ist. Wer auch andere Seevögel beobachten will, kommt am ehesten im Rahmen einer Bootsfahrt auf seine Kosten.

Zweistündige, organisierte Bootstouren finden zwischen Mai und Aug. tgl. um 11.00, 13.00 und 16.00 Uhr statt – vorausgesetzt das auch im Sommer gerne einmal stürmische Wetter spielt mit. Die Teilnahme muss mindestens einen Tag im Voraus bei Goksøyr Camping (Tel. 70 08 59 05, http://insel-runde.de) reserviert werden. Dort erhält man auch Infos zu Wandertouren auf Runde.

Übernachten kann man bei Goksøyr Camping im Wohnmobil, im Zelt, in Hütten und Ferienhäusern (Reservierung empfehlenswert).

UTLEIE
NÆRINGSLOKALER
5 - 1000m²
Tlf: 97 00 02 05

Ostnorwegen

MAGISCHE LANDSCHAFTEN

Neben den größten Binnenseen finden sich in Ostnorwegen auch die größten Flüsse des Landes und mit dem Gudbrandsdal die vielleicht traditionsreichste Bauerntalung Norwegens. Die alte Erzstadt Røros steht auf der UNESCO-Welterbeliste und hat sich ganz und gar der Nachhaltigkeit verschrieben.

Das Birkebeiner-Denkmal vor Lillehammers Bibliothek erinnert an eine alte Sage rund um die dramatische Rettung des zweijährigen norwegischen Thronerben im Jahr 1205.

Eisenbahnmuseum in Hamar (links); Altar der Stabkirche von Garmo im Maihaugen-Freilichtmuseum in Lillehammer (rechts)

Lillehammers Hauptgeschäftsstraße, die Storgata, gehört Fußgängern und Radlern.

Lillehammer ist bekannt für sein mildes Klima. Vor dem Rathaus lockt der Wochenmarkt mit buntem Blumenschmuck.

Attraktion von Lillehammer ist das 1887 gegründete Freilichtmuseum Maihaugen. Es bewahrt und zeigt rund 180 alte Gebäude aus dem Gudbrandsdal.

Wer vom kulturreichen Gudbrandsdal mit der spannenden Olympiametropole Lillehammer aus nach Westen hinausfährt, gelangt bald in die Weite und Einsamkeit der Hedmark, von der man in der dicht besiedelten Mitte Europas kaum eine Vorstellung hat. Hier ist es, wo noch „ewig die Wälder singen". In der gesamten Region leben nur etwa 190 000 Menschen zwischen den ausgedehnten Taigawäldern. Diese bedecken nahezu die Hälfte des gebirgigen Landes, das an der schwedischen Grenze bis auf 1400 Meter Höhe ansteigt und überwiegend mit Fichten und Kiefern bedeckt ist. Dazwischen erstrecken sich große Seenplatten und ausgedehnte Moore, wildromantische Schluchten führen in schroffe Hochfjellzonen. Braunbär, Luchs und Vielfraß, Elch, Auerhahn und Biber sind hier noch zu Hause. Nirgends sonst im Königreich beißen die Forellen und Äschen besser als hier, wo sich im Durchschnitt nur rund sieben Einwohner einen Quadratkilometer teilen.

DAS „TAL DER TÄLER"

Mit seinem mal breit und träge dahinfließenden, mal seeartig verbreiterten, mal auch wild aufschäumenden Fluss Lågen, den bewaldeten, von Wiesen, Feldern und uralten Gehöften überzogenen Höhen sowie den stillen Seitentälern präsentiert sich das rund 200 Kilometer lange Gudbrandsdal auch heute noch größtenteils wie aus dem Bilderbuch. In der norwegischen Literatur spielt es zweifellos eine große Rolle, so zum Beispiel in der Romantrilogie „Kristin Lavranstochter" der Nobelpreisträgerin Sigrid Undset, deren Leben und Werk eng mit dem Gudbrandsdal verbunden ist. Gleiches gilt auch für den Nobelpreisträger Bjørnstjerne Bjørnson und für Knut Hamsun. Im Ausland wurde es vor allem durch Henrik Ibsens „Peer Gynt" und Edvard Griegs „Peer Gynt Suite" bekannt.

Es zieht sich nördlich der Mjøsa, Norwegens größtem Binnensee, bis zum rund 500 Meter höher gelegenen Dombås am Fuße des Dovrefjells hin und gehört zu denjenigen Tälern Norwegens, die schon seit uralter Zeit die Siedlungs- und Kulturinseln zwischen den nahezu menschenleeren Gebirgs- und Waldregionen des Landesinneren darstellen. Auch der historische Königsweg nach Trondheim führte durch diesen Talzug, der obendrein den ältesten Binnenhandels- und Verkehrsweg nach Norden markiert und daher im Bewusstsein der Norweger als „Tal der Täler" gilt. Heute wird die Bauerntalung in ihrer gesamten Länge von der E 6 erschlossen, die als Standardroute des Tourismus von jenen bevorzugt wird, die es vorwiegend in den Norden zieht. Dass die Europastraße während der Sommersaison stark, teils auch außerordentlich stark frequentiert wird, versteht sich daher von selbst. Doch immer wieder bieten sich auch herrliche Alternativstrecken an, und trotz allem Verkehr zählt das Gudbrandsdal zu den landschaftlich wie auch kulturhistorisch beeindruckendsten Regionen des Königreiches, denn hier finden sich lebendige Traditionen und zahlreiche Zeugnisse einer alten Bauernkultur sowie echte Naturschönheiten.

IM WALD DER FINNEN

Schon bald nach Passieren der Mjøsa umfängt uns der große norwegische Wald, der nirgends mehr aufzuhören scheint und sich von Kongsvinger bis zum Femund-See parallel der schwedischen Grenze hinzieht. Die Fv 20 schneidet eine Asphaltschneise durch Kiefern und Fichten, Birken, Erlen und Eschen. Mal wachsen Fjellrücken in einiger Entfernung aus der Landschaft, dann wieder strecken sich Moore aus, kleine Sumpftümpel, vereinzelte Seen. Wer nur auf dem Weg nach Norden vorbeieilt, übersieht die Wegweiser zum „Finnskogvegen". Dieser ist rund zehn Kilometer nördlich des eher wenig sehenswerten

Städtchens Kongsvinger bei der Ortschaft Roverud ausgeschildert, folgt der Fv 205 sowie der Fv 202 und bietet reinste Wildmark-Eindrücke. Die Silbe „finn" verweist auf Finnen, die sich im 16. Jahrhundert ansiedelten. Seit die Norweger im 18. Jahrhundert hier Fuß fassten, wurden die finnischen Siedler assimiliert. Heute zeugen lediglich ein paar Ortsnamen von ihrer Kultur.

HEIMAT DES BRAUNBÄREN

Auch Nerz, Marder und Biber haben im Finnskogen sowie dem nördlich sich anschließenden Taigagürtel ihr Revier, wo auch der Braunbär seinen Bau hat. Rund 180 Exemplare soll es landesweit noch geben, ein Schwerpunkt ist Østland, wo der Bestand noch im 19. Jahrhundert mehr als 2000 Tiere betrug. Eine bärenfeindliche Politik trug jedoch zu einer radikalen Reduzierung des Bestandes bei, doch heute steht der Braunbär unter Schutz.

VOM FEMUNDSEE NACH RØROS

Das i-Tüpfelchen wird der Landschaft schließlich vom ausgedehnten Blau des Femund aufgesetzt: Der Anblick des rund 67 Kilometer langen und etwa 200 Quadratkilometer großen Sees, der inmitten von Wäldern liegt und von teilweise mehr als 1400 Meter hohen Bergen umgeben wird, ist beeindruckend und lässt wohl automatisch den Wunsch aufkommen, ins Kanu zu steigen und sich für mehrere Tage von der Zivilisation zu verabschieden. Diesen Wunsch kann man sich erfüllen, denn der Femundsee gilt als das Kanuparadies von Norwegen, und nirgends im Lande ist die Paddelinfrastruktur besser als hier. Auch eine Bootsfahrt über das weite Wasser ist ein eindrückliches Erlebnis. Und niemand sollte die Befahrung des Rørosvegen versäumen, der sich an der westlichen Seeseite entlangzieht und unter anderem mit reichstem Femundpanorama punktet. Er führt nach Røros, der einzigen Bergbaustadt Norwegens und zugleich einzigen Stadt in Skandinavien,

Am Ostufer des Femundsees (oben) liegt der Weiler Elgå (Mitte). Rund um Trysil ist Wintersport oder Radfahren angesagt, je nach Jahreszeit (unten).

Eine wenig berührte Landschaft: Die Region rund um den Femundsee ist erst spät besiedelt worden. Samen lassen hier teils noch ihre Rentiere weiden.

DER FEMUNDSEE LÄSST DEN WUNSCH AUFKOMMEN, INS KANU ZU STEIGEN UND SICH FÜR MEHRERE TAGE VON DER ZIVILISATION ZU VERABSCHIEDEN.

Nordwestlich von Elverum liegt Trysil, Zentrum des Wintersports in Ostnorwegen.

Wahrzeichen von Røros ist die 1784 gebaute Oktogonalkirche. Unter der barocken Innenausstattung sticht die goldverzierte Königsloge hervor.

Røros zählt zu den schönsten Städten Norwegens, hier ein Blick auf die Kjerkegata.

Special

Wohnen im Mittelalter

Unterm Grasdach

In den Bauerntalungen und Freilichtmuseen fallen die Blockhäuser ins Auge. Sie vermitteln einen Einblick in die Lebensbedingungen der norwegischen Bauern vom Mittelalter bis ins 20. Jahrhundert.

Ursprünglich bestanden alle Häuser in Norwegen aus waagerecht übereinander angeordneten, geschälten, nicht gehobelten (Kiefern-)Stämmen. Als der älteste, ins 13. Jahrhundert datierte Blockbau solcher Art gilt ein aus Uvdal (Numedal) stammendes Bauernhaus, das auf Bygdøy in Oslo wieder aufgebaut wurde.

Stets bestand ein Hof aus einer Gruppe von Häusern, von denen jedes eine eigene Funktion innehatte. Die Wohnstätte des Bauern pflegte die Mitte einzunehmen. Es schlossen sich die Ställe an, dazwischen lagen die Scheunen und Schuppen sowie der in seinen Formen fast schweizerisch anmutende Speicher. Dieser wurde in der Telemark ab 1700 auf Pfosten gesetzt. Der Kern ist ein rustikaler Blockbau, unterteilt in Unter- und Obergeschoss. Eine Treppe führt hinauf und in den verschalten Laufgang hinein. Im Setesdal wird dieser durch eine „romanisch“ schlichte Arkadenfolge erhellt, während er sonst oft mit „barock“ gewulstetem Schnitzwerk versehen ist. Die Dächer sind traditionell mit Grassoden belegt, darunter liegt Erde, die wiederum eine Birkenrindenschicht bedeckt.

Bauernhaus im Freilichtmuseum Oslo

die geschlossen zum UNESCO-Kulturerbe gehört. Bis auf fünf Häuser weist ihr gesamter Ortskern eine geschlossene alte Bebauung auf. Ein Gang durch die malerischen Gassen, vorbei an altersschiefen und mit Grassoden gedeckten Butzenscheiben-Blockbauten, lässt Geschichte im Sinne des Wortes lebendig werden. Man schlendert – und kommt aus dem Staunen nicht heraus. Dies ist auch angezeigt, weil Røros bereits 1897 als dritte Stadt in Europa nach Paris und Hammerfest eine elektrische Straßenbeleuchtung bekam, weil es 1991 zu „Europas besterhaltenem Dorf“ gekürt wurde, 1995 als erster Ort in Norwegen einen Umweltpreis erhielt, 2013 offiziell als erste nachhaltige Reisedestination in Norwegen zertifiziert wurde und heute die einzige norwegische Destination ist, die das Finale von drei der renommiertesten Nachhaltigkeitsauszeichnungen der Welt erreicht hat!

So viel Schönheits- und Nachhaltigkeitsehrungen verpflichten unter anderem zu einem vom Ökogedanken getragenen Sightseeing-, Ausflugs- und Freizeitangebot der Superlative zu allen Jahreszeiten. Und da Nachhaltigkeit auch durch den Magen geht, stammen die allermeisten Lebensmittel, die in den Restaurants der Stadt verarbeitet werden, aus ökologischem Anbau.

Die schönsten Autorouten

TRAUMSTRASSEN IN DIE NATUR

Sie führen vorbei an eisblauen Gletschern und gipfelstarrenden Bergmassiven, steigen auf ins Reich der Wolken, kurven im Slalom zwischen Meer und Fels dahin. Wer sie live gesehen und befahren hat, wird die Eindrücke nie mehr los: Die Nationalen Touristenstraßen erschließen die Highlights der schönsten Naturschätze Norwegens. Wir stellen die Wegstrecken mit dem höchsten Genussfaktor vor.

1 Am Atlantik entlang

In sanften Schwüngen und engen Kurven schlängelt sich die Atlantikstraße (Atlanterhavsvegen) weit draußen am offenen Meer über imponierende Brücken und in Gischtmäntel gehüllte Dämme von Holm zu Holm. 1989 eröffnet und 2005 als „technische Meisterleistung des Jahrhunderts" preisgekrönt, wurde sie von der britischen Tageszeitung „The Guardian" gar zur „schönsten Autostrecke der Welt" gekürt – und auch für uns steht sie ganz oben auf der Hitliste der schönsten Landschaftsrouten. Fahrspaß ist garantiert.

Länge: 36 km
höchster Punkt: 30 m
Start/Ziel: Bud/Kårvåg
Infos: Touristenbüro Molde (S. 84) und Kristiansund (S. 85)
www.nasjonaleturistveger.no/de

2 Geiranger–Trollstigen

Formvollendete Bau- und Kunstwerke vor großartigen Naturkulissen machen die Landschaftsroute Geiranger–Trollstigen zur berühmtesten Straße Norwegens. Auch zur populärsten – mehr als eine Million Touristen besuchen sie jährlich.

Länge: 104 km
höchster Punkt: 1038 m
Start/Ziel: auf der R 63 von Langevatn bis Sogge bru
Infos: www.nasjonaleturistveger.no/de; im Winter sind mehrere Streckenabschnitte, darunter die schönsten, gesperrt

3 Übers Aurlandsfjell

Frei schwebende Aussichtsplattformen und stilistisch ausgefallene Rastplätze wollen Akzente setzen, Harmonien schaffen und Kontraste zur majestätisch anmutenden Fjordlandschaft bilden, die dem unteren Abschnitt der Touristenstraße Aurlandsfjellet ihr ganz charakteristisches Gepräge gibt. In den höheren Lagen reicht der Blick über baumlose Weiten bis zu den Gletschermassen des Jostedalsbreen und den monumentalen Frostriesen von Jotunheimen – diese Straße nennt sich auch „Schneeweg".

Länge: 47 km
höchster Punkt: 1306 m
Start/Ziel: Aurlandsvangen/Lærdalsøyri
Infos: www.nasjonaleturistveger.no/de; im Winterhalbjahr gesperrt

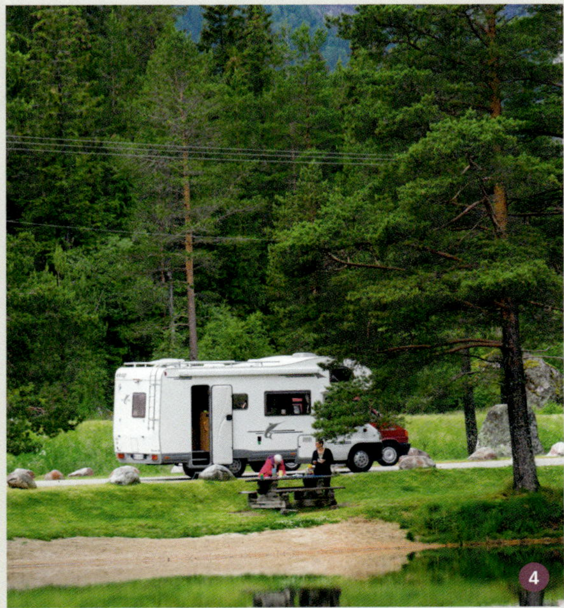

4 Ins Herz der Hardangervidda

Gläsern hell stehen die Berge vor einem Schleier von feinstem atmosphärischem Blau über zartblau schimmernden Seen im grünbraun gewellten Tundraland, während das Eis und die Schneefelder im sanften Weiß des Elfenbeins erstrahlen. So kann man es auf der Landschaftsroute Hardangervidda bis tief in den Juli hinein zu sehen bekommen. Doch „droben im Ödland hat jede Jahreszeit ihre Wunder", um es mit Knut Hamsun zu sagen. So ist es stets ein superlatives Erlebnis, Europas größtes Hochplateau zu queren.

Länge: 67 km
höchster Punkt: 1250 m
Start/Ziel: R7 von Haugastøl nahe Geilo nach Eidfjord
Infos: www.nasjonaleturistveger.no/de

5 Das Sognefjell

Die Landschaftsroute Sognefjellet steigt vom längsten Fjord der Welt zum höchsten Straßenpass Nordeuropas auf und bietet Ausblicke auf den größten Festlandgletscher unseres Kontinents, den Jostedalsbreen. Am Rastplatz Mefjellet steht eine Steinskulptur von Knut Wold (Foto). Vom Galdhøpiggen, Norwegens höchstem Berg, geht es wieder zu Tal. Diese Hochgebirgsstraße zählt auch zu den schönsten Radstrecken des Landes.

Länge: 108 km
höchster Punkt: 1434 m
Start/Ziel: Gaupne/Lom
Infos: www.nasjonaleturistveger.no/de; im Winter gesperrt

Nordmøre
Halsa
Rindal
Meldal
Støren
Tingvoll
Skei-Surnadalsøra
Kleive
Eidsvåg
Todal
Snota
Rennebu
Soknedal
Gaudalen
Singsås
Enodden
Lauvun
Østby
Ålen
Stugudalen
Sylarna
Helags-fjället
Helagsstugan
Nedalssjön
Sør-Trøndelag
Berkåk
Innset
Forolshogna
Glåmos
Brekken
Ramundberget
Fjällnes
Funäsdalen
Tänndalen
Tännäs
Røros
Os
Sunndalsøra
Sunndalen
Grøa
Driva
Oppdal
Isfjorden
Åndalsnes
Romsdalen
Marstein
Orkla
Høggia
Narbuvoll
Sørvika
Femundsmarka n.p.
Rogen
Elgå
Tolsingda nationalp.
Långfjället
Bjorli
Lesjaskog
Snøhetta
Dovrefjell
Dovre-fjell n.p.
Hjerkinn
Tynset
Tron
Holøydal
Storsätern
Storvättesh
Pyttegga
Lora
Lesja
Storhø
Folla
Folldal
Alvdal
Reinheimen nasjonalpark
Dombås
Dovre
Tverrfjelli
Store Sølnkletten
Barkald
Isteren
Gutulia n.p.
Pollfoss
Norberg
Ottadalen
Rondane n.p.
Rondslottet
Vågåmo
Garmo
Lom
Bøverdal
Bjølstad
Otta
Atnbrua
Hanestad
Øvre Rendal
Drevsjø
Sølen
Otnes
Åkrestrømmen
Trysilelva
Jotunheimen
Glittertinden
Galdhøpiggen
Jotunheimen n.p.
Ridders-pranget
Gudbrandsdalen
Vinstra
Ringebu
Østerdalen
Hedmark
Koppang
Storsjøen
Fulufjä
Öjvallb
Fulufjä nationa
Skagastøls-tindane
Knutsholstind
Ruten
Elstad
Fåvang
Lågen
Jordet
Vinstri
Øvre Årdal
Bygdin
Oppland
Tretten
Nordre Osen
Innbygda
Trysil
Østby
Årdalstangen
Segalstad
Vestre Gausdal
Follebu
Fåberg
Lillehammer
Ormtjernkampen n.p.
Nybergsund
Plassen
Ossjøen
Tørberget
Lutnes
Borlaug
Øye
Vang
Lomen
Rogne
Synnfjell
Rena
Stavkirke
Høgeloft
Valdres
Fagernes
Leira
Aurdal
Raudbergskarvet
Hemsedals-fjella
Hemsedal
Nykirke
Biri
Moelv
Brumunddal
Elverum
Heradsbygd
Løten
Höljes
Dokka
Gjøvik
Hamar
Bagn
Begna
Finnskog
Våler
Kjellmyra
Torpo
Gol
Halling-skarvet
Ål
Hol
Raufoss
Hov
Kapp
Mjøsa
Stange
Reinsvoll
Tangen
Årekjølen
Hedal
Beagndal
Rands-fjorden
Nes
Nesbyen
Hallingdal
Hallingdalselvi
Eina
Skreia
Flisa
Geilo
Tunnhovd
Storruste-fjell
Flå
Hurdal
Mo
Kirkenær
Svullrya
Dagali
Buskerud
Brandbu
Gran
Hurdalssjøen
Sand
Storsjøen
Lunderseter
Hardangervidda nasjonalpark
Synhovd
Rødberg
Uvdal
Norefjell
Eggedal
Sokna
Råholt
Eidsvoll
Skarnes
Roverud
Kongsvinger
Nore
Noresund
Hønefoss
Jevnaker
Grua
Harestua
Nannestad
Vorma
Jessheim
Årnes
Austmarka
Numedal
Krøderen
Sigdal
Tyristrand
Norderhov
Nittedal
Kløfta
Akershus
Eidskog
Stortfjell
Rollag
Prestfoss
Holmenkollen
Tyrifj.
Skotterud
Bakko
Mæl
Rjukan
Vikersund
OSLO
Slattum
Lillestrøm
Magnor
Charlottenb
Geithus-Åmot
Fetsund
Aurs-moen
Øyeren
Bjørkelangen
Møsvatnet
Gausta
Flesberg
Lampe-land
Hokksund
Asker
Nesodd-tangen
Løken
Åmotsfors
Eligrend
Maßstab 1:1.400.000
0
20 km

SO HERRLICH WIE AM ERSTEN TAG

Man sieht viel Grün, aber auch an blauer Farbe wird nicht gespart, denn allenthalben plätschern Flüsse und erstrecken sich Seen in dieser zum Wandern, Rad- und Kanufahren prädestinierten Region, in der auch Tierbeobachter und Kulturfreunde genug Abwechslung für einen gelungenen Urlaub finden.

1 Lillehammer

Die rund 30 000 Einw. zählende ehemalige Olympiastadt liegt wunderschön am Mjøsasee und ist eines der populärsten Touristenzentren von Ostnorwegen.

SEHENSWERT

Ein Bummel entlang der autofreien Hauptgeschäftsstraße **Storgate** hat durchaus seine Reize. Der insgesamt fünf plympische Anlagen umfassende **Olympiapark** bietet mit seinem Bobsimulator und Räderbob imposante Adrenalinkicks. Unvergesslich ist aber auch eine Fahrt mit dem Lift hinauf zum **Schanzenturm** sowie der Blick von dort aus in die Tiefe (https://olympiaparken.no, Lift/Sprungturm Mitte Juni–Mitte Aug. tgl. 10.00–18.00, sonst tgl. 9.00–16.00 Uhr).

MUSEEN

Mit rund 1400 Arbeiten norwegischer Maler gehört das **Lillehammer Kunstmuseum** zu den führenden des Landes (Stortorget 2, http://lillehammerartmuseum.com, Juni–Aug. tgl. 10.00–17.00, sonst Di.–So. 11.00–16.00 Uhr). Von hier aus ist es nur ein kurzes Wegstück zum **Maihaugen-Freilichtmuseum**, mit 185 historischen Gebäuden eines der größten Europas (http://maihaugen.no, Juni–Aug. tgl. 10.00–17.00, Sept. Di.–So. 10.00–16.00, Okt. bis Mai Di.–So. 11.00–15.00 Uhr). Einzigartig ist auch das **Norwegische Straßenbaumuseum**, zu dem seit Sommer 2019 Norwegens einziges Fahrzeugmuseum gehört, das die Entwicklung vom Schlitten bis hin zum Auto nachzeichnet (www.vegmuseum.no, 15. Juni bis 15. Aug. tgl. 10.00–17.00 Uhr).

AKTIVITÄTEN

Eine herrliche Art, den See zu erkunden, ist die Fahrt mit dem **Raddampfer Skibladner** (www.skibladner.no).
Das **Birkebeinerrennen** findet Mitte März statt (www.birkebeiner.no). Mountainbikefreuden garantiert der Hafjell Bike Park im **Hafjell Alpinsenter** (13 km nördl., www.hafjell.no, Juli tgl. 10–16 Uhr, Aug. und Sept. nur Sa./So.). Auch für Wintersport ist das Alpinsenter erste Wahl.

Schanzenanlage: Lillehammer war 1994 Austragungsort der Olympischen Winterspiele.

HOTELS/RESTAURANT

Die 36 m hohe Mühle von 1863 ist heute das Hotel **€€€ Aksemøllen,** (Elvegate 12, Tel. 61 05 70 80, https://aksjemollen.no). Es wurde schon zum besten Hotel der Stadt gewählt.
Die Jugendherberge **€–€€ Lillehammer Vandrerhjem Stasjonen** (in der 2. Etage des Bahnhofes, Tel. 61 26 00 24, http://stasjonen.no) gilt als eine der komfortabelsten Europas. Nicht billig, aber schön: das **€€–€€€€ Bryggerikjelleren Restaurant** (Elvegate 19, www.bblillehammer.no, Tel. 61 27 06 60, Di. bis Sa. ab 17.00 Uhr), wo die Gäste in einem rustikal-gemütlichen Gewölbe Steaks und anderes genießen.

UMGEBUNG

Rund 10 km nördlich lässt **Hunderfossen Lekeland** mit vielen Attraktionen à la Disneyland sowie dem größten sitzenden Troll der Welt die Herzen aller Kinder schneller schlagen (http://hunderfossen.no, 15. Juni–Anfang Aug. tgl. 10.00–18.00 Uhr).

INFORMATION

Im Internet informiert ausführlich https://de.lillehammer.com

2 Elverum

Die „Hauptstadt der Wälder" genießt vor allem bei Wanderern, Radfahrern und Anglern hohes Ansehen (15 000 Einw.).

MUSEEN

Das **Norwegische Forstmuseum** beeindruckt mit einem Aquarium für Süßwasserfische, einem Arboretum sowie der Multimediashow „Die norwegischen Nationalparks" (http://skogmus.no, ganzjährig tgl. 10.00 bis 17.00 Uhr). Mit über 90 historischen Gebäuden punktet das benachbarte **Glomsdalsmuseum,** das drittgrößte Freilichtmuseum des Landes (https://glomdalsmuseet.no, geöffnet wie Forstmuseum).

ERLEBEN

Die Touristeninformation informiert über die besten Bade- und Angelplätze und organisiert **Biber- und Elchsafaris**.

HOTEL

Die „Elchstube", **€€€–€€€€ Scandic Elgstua** (Trondheimsveien 9, Tel. 62 40 10 70, www.scandichotels.no), bietet Komfortzimmer sowie ein Restaurant mit Wildgerichten.

UMGEBUNG
Highlight von Elverum ist der **Finnskogen** (siehe „Tipp"), der sich bis nach Kongsvinger erstreckt und eines des ausgedehntesten Waldgebiete von Norwegen ist. Nirgendwo sonst im Lande ist die Chance größer, Elche und Biber zu beobachten. Der **Finnskogvegen**, „Waldweg" im Sinne des Wortes, beginnt in Roverud (10 km nördlich Kongsvinger an der R 20) und folgt der Fv 205 und der Fv 202, bevor er südlich von Elverum wieder in die Hauptstraße einmündet. Unterwegs passiert er mehrere Outdoorzentren; eines davon ist das **Finnskogen Turistsenter** (Skasenden, Kirkenær, Tel. 96 00 81 91, https://finnskogen.net), mit vielen Touren und Aktivitätsangeboten eines der größten des Landes.
Hamar (30 km westl.) war ein Austragungsort der Olympischen Winterspiele 1994. Sehenswert ist hier die markante Olympiahalle, die wie ein kieloben liegendes Wikingerschiff aussieht. Das Dach ist eine der größten freitragenden Dachkonstruktionen der Welt.

INFORMATION
Elverum Turistinformasjon
Solørvn 151 (im Norsk Skogmuseum)
2407 Elverum, Tel. 99 64 97 47
www.visitostnorge.no, zum Finnskogen führt www.visitfinnskogene.no

Tipp

Finnskogen per pedes

Am eindrucksvollsten präsentiert sich das „Erlebnis Wildnis" des Finnskogen vom Finnskogleden aus, einem speziellen Wanderweg, der kreuz und quer durch den Wald mal in Schweden, mal in Norwegen und über insgesamt 240 km zwischen dem schwedischen Morokulien (ca. 35 km südlich Kongsvinger, Grenzstadt bei Mangor an der Fv 61) bis Søre Osen im Umland von Trysil verläuft. 13 Tagesetappen sind Standard, und u. a. unter www.outdooractive.com (Suchwort: Finnskogleden) ist die Tour etappenweise beschrieben.

TOURINFOS
https://finnskogleden.com

Die „Vikingskip" genannte Olympiahalle in Hamar fasst 20 000 Zuschauer (oben); Shop in der Kjerkegata in Røros (rechts).

3 Trysil

Inmitten einem menschenleeren Wald- und Berggebiet liegt die „Hauptstadt der Wildnis". Als Wintersportort ersten Ranges hat sich Trysil (2500 Einw.) einen Namen gemacht. Auch wurde es als nachhaltige Reisedestination offiziell zertifiziert.

MUSEUM
Das **Museumsdorf Trysil Bygdetun** ist das älteste des Landes (gegründet 1901) und gefällt mit rund zwei Dutzend historischen Häusern und Gehöften, wo Handwerker wie in alten Zeiten arbeiten (https://trysilbygdetun.no, Juli–Anfang Aug. Do.–So. 11.00–17.00 Uhr).

ERLEBEN
Dutzende markierte Wege machen Trysil zu einem **Wanderparadies.** Mit einem dichten Netzwerk an Fahrradwegen in allen Terrains und Schwierigkeitsstufen ist Trysil auch ein Radfahr-Eldorado. **Kanutouren** nebst Canyoning und Rafting sowie Biber- und Elchsafaris sind weitere Aktiv-Highlights.
Im Winter, der hier von Ende Nov. bis Anfang Mai währen kann, konkurrieren Hunderte Kilometer an **Langlaufloipen** sowie 65 Abfahrtspisten aller Schwierigkeitsgrade mit **Hundeschlittentouren** und **Schlittenfahrten** (Tel. 81 55 63 00, www.skistar.com/no/trysil).

HOTEL
Das **€€–€€€ Trysil Hotell** (Tel. 97 94 00 00, www.trysilhotell.net) bietet 31 Komfortzimmer plus Spa-Abteilung.

INFORMATION
Trysil Turistinformasjon, Storvegen 3
2420 Trysil, Tel. 62 45 10 00, www.trysil.com

4 Femundsee

Norwegens drittgrößter Binnensee kann im Rahmen von Bootstouren entdeckt werden. Größte Ortschaft ist das nur wenige Hundert Einwohner zählende Drevsjø, rund 7 km südlich vom Femund gelegen.

MUSEUM
Das **Blokkodden Wildmarkmuseum** in Drevsjø ist dem Leben und Wirtschaften in der Wildnis zu früheren Zeiten gewidmet (https://blokkodden.no, Juli–Anfang Aug. Di.–So. 11.00–16.00 Uhr).

ERLEBEN
Schiffsfahrten über den Femund sind ein Erlebnis. Zwei Schiffe verkehren im Liniendienst auf der Strecke Femund–Elgå–Jonasvollen–Femundshytta–Synnervika (Busanschluss nach Røros) und zurück und queren somit den See in seiner gesamten Länge (Tel. 93 69 20 17, www.femund.no; Ende Juni–Mitte Aug. tgl., Anfang bis Ende Juni und Mitte Aug. bis Mitte Sept. Fr., Sa., So. und Mo., auch Fahrräder und Kanus werden transportiert).
Ansonsten dreht sich fast alles um **Kanutouren.** Das Touristenbüro organisiert und vermittelt u. a. auch Biber- und Elchsafaris, Angeltouren, Goldwaschkurse und **Hundeschlittentouren.**

HOTEL/RESTAURANT
Das **€–€€€ Femundtunet** (4 km nordwestl. Drevsjø, Tel. 62 45 90 66, www.femundtunet.no) verspricht Wohnen in einer Uferanlage mit Apartments, Zimmern und Hütten; auch camping, Restaurant/Cafeteria, Kiosk, Bootsvermietung.

UMGEBUNG
Über dem Ostufer des Femund thronen die kahlen Kuppen des **Femundsmarka-Nationalparks,** der auf einer Fläche von 573 km² alle Vegetationszonen zwischen Taiga und Boreal umfasst und mit markierten Pfaden sowie Übernachtungshütten zum Wandern einlädt. Der **Gutulia-Nationalpark** ist 23 km² groß und reich an bis zu 500 Jahre alten Bäumen. Über beide Schutzgebiete informiert das **Femundsmarka-Nationalparkzentrum** (Elgå, https://femundsmarkanasjonalpark.no, Juli tgl. 10.00–18.00, Aug. bis 17.00, Juni/Sept. bis 16.00 Uhr).

INFORMATION
Engerdal Turistkontor
2440 Engerdal
Tel. 40 40 43 49
https://femundengerdal.no

5 Røros

Røros (5500 Einw.) steht als einzige Stadt Skandinaviens geschlossen als Kulturerbe auf der UNESCO-Welterbeliste. Heute lebt das Städtchen hauptsächlich vom Tourismus, während sich seit der Stadtgründung anno 1644 die ersten 333 Jahre lang alles um Kupfererz gedreht hat. Legendär ist die extreme Winterkälte: der Rekord lag bei –50,3 °C!

SEHENSWERT

Ein Spaziergang durch die Straßen des rund 350 Jahre alten Stadtzentrums **Bergstaden** **TOPZIEL** führt vorbei an mehr als 100 größtenteils hervorragend restaurierten Blockbauten. Besonders viele befinden sich in der Bergmannsgata. Das älteste Haus dort ist der um 1680 erbaute Rasmusgård (Hausnr. 9).
Nur ein kurzes Wegstück entfernt setzt die 1779–1784 erbaute **Røros-Kirche** barocke Akzente. Sie ist Wahrzeichen der Stadt, Nationalmonument des Reiches und mit 1600 Sitzplätzen auch eine der größten Kirchen des Landes. Die große Kupferschlackenhalde, die der Stadt ein eigenes Gepräge gibt, bildet ihren fotogenen Hintergrund (Mitte Juni–Mitte Aug. Mo. bis Sa. 11.00–16.00, So. 12.30–14.30 Uhr). Unterhalb der Schlackenhalde liegt das **Røros Museum,** das der Geschichte der Kupferstadt gewidmet ist (http://rorosmuseet.no, 20. Juni bis Mitte Aug. tgl. 10.00–17.00, Mitte Aug. bis Mitte Sept. tgl. 10.00–16.00, sonst tgl. 10.00 bis 15.00 Uhr).

ERLEBEN

Rentierschlittenfahrten auf eigene Faust oder mit Chauffeur sind im Winter beliebt, einer der Anbieter ist Rorosrein (Hagaveien 17, Tel. 97 97 49 66, www.rorosrein.no).
Im Sommer laden **Fahrradrouten** zwischen 25 und 60 km Länge ein, ebenso auch **Wanderungen, Biber- und Elchsafaris**.

HOTEL/RESTAURANT

Das historische Gasthaus **€€€–€€€€ Vertshuset Røros** (Kjerkgate 34, Tel. 72 41 93 50, http://vertshusetroros.no) liegt in der Fußgängerzone. Dass Røros mitunter auch als „norwegische Toskana" bezeichnet wird, ist u. a. dem Hotelrestaurant zu verdanken, einer stilvoll möblierten Gourmetadresse. Lokale Produkte sind hier Trumpf (Mo.–Sa. 18.00–22.00 Uhr).

UMGEBUNG

In der **Olavsgrube** (15 km westlich), wo zwischen 1935 und 1973 mehr als 1 Mio. t Kupfererz abgebaut wurden, ist alles im Original erhalten. Im Rahmen einer Führung kann man bis 500 m weit in die 50 m tiefe Grube einsteigen (http://rorosmuseet.no, 20. Juni–Mitte Aug., Führungen um 10.00, 12.00, 14.00 und 16.00 Uhr, Anfang/Mitte Juni und Mitte Aug. bis Mitte Sept. tgl. 15.00 Uhr).

INFORMATION

Røros Turistkontor, Peder Hiorts gate 2
7374 Røros, Tel. 72 41 00 00
www.roros.no

PADDELTOUREN RUND UM DEN FEMUNDSEE

Für Freunde des Kanusports gibt es wahrscheinlich in ganz Norwegen keine angesagtere Adresse als den Femundsee wie auch die Seen und Flüsse in seiner Umgebung. Wer will, kann auch gleich einen ganzen Urlaub mit Kajak und Zelt in der Wald- und Wasserwildnis verbringen, ohne dass Langeweile aufkommt – intensiver erlebt man die unberührte Natur Ostnorwegen wohl nirgends.

Die Königstour – und zugleich die populärste Route – ist die etwa 170 Kilometer lange Umrundung des Femund, wofür normalerweise elf bis zwölf Tage benötigt werden. Wer unterwegs mit der Kondition kämpft oder aus Zeitgründen die Paddelstrecke verkürzen will, kann auf eines der beiden Schiffe zusteigen, die im Sommer täglich im Liniendienst auf der Strecke Femund–Elgå–Jonasvollen–Femundshytta–Synnervika verkehren.

Auf dem Femundsee gehören Kanutouren zu den gängigen Beschäftigungen. Der See, hier bei Sorken am Ostufer, zählt zu den Paddelhochburgen des Landes.

Weitere Paddeltouren können beispielsweise die rund vier bis fünf Tage während und 60 Kilometer lange Umrundung des Isteren in der Nachbarschaft des Femund zum Ziel haben. Und für erfahrene Kanuten hat die Flussverbindung zwischen den beiden Seen ihre (Stromschnellen-)Reize (Grad III–IV).

Der Sølensjøen, den über 1700 Meter hohe Bergen einrahmen, ist in landschaftlicher Hinsicht wohl kaum zu toppen. Für die 40 Kilometer lange Umrundung dieses Juwels sollten drei bis vier Tage eingeplant werden.

Für allgemeine Fragen empfiehlt sich Engerdal Turistkontor (Engerdal, Tel. 40 40 43 49, https://femundengerdal.no)

Paddelspezifisches gibt es im Femund Canoe Camp, hier kann man auch Kanus und Campingequipment ausleihen (Tel. 97 32 82 93, www.femundcanoecamp.com).

Fjellnorwegen

*

DIE NATIONAL-PARK-REGION

*

Stellen Sie sich Landschaften vor, die schön sind, nein: überwältigend, wo immer Sie hinschauen. Wo himmelstürmende Frost- und Reifriesen in farbenfrohe Blumentäler blicken, wo liebliche Auen auf schneebedeckte Gipfel treffen, Tausende Jahre alte Gletscher und unberührte Natur Seite an Seite mit einer herrlichen Kulturlandschaft stehen.

Auf dem Dovrefjell: Der Aussichtspavillon „Snøhetta" gibt den Blick auf das Gipfelpanorama frei.

In einer Zeit, da die Landschaften unserer Erde in kaum überschaubarem Maße verändert werden, nimmt sich Fjellnorwegen, die hochgebirgige Mitte des südlichen Landesteils, nahezu wie ein Anachronismus aus. In weitesten Teilen erscheint es so unschuldig und friedvoll wie zu Beginn seiner Schöpfung, als sich vor rund 600 Millionen Jahren das Kaledonische Gebirge auffaltete, das heute das Herzstück Norwegens ist. Hier finden sich, neben anderen Superlativen, die größten und mächtigsten Gletscher, die ausgedehntesten Hochebenen unseres Kontinents ebenso wie die tiefsten Seen. Neben den Alpen ist es das längste, größte und auch höchste Gebirge Europas, ja ist mehr oder weniger Norwegen selbst, dessen gesamte Landesfläche sich zu einem Viertel höher als 1000 Meter über den Meeresspiegel erhebt und dessen durchschnittliche Höhenlage immerhin noch 500 Meter beträgt.

48 NATIONALPARKS BEWAHREN NATUR

Fjellnorwegen ist einzigartig, ist Balsam für die Seele. Um sein ungemein reiches Naturerbe zu schützen und für zukünftige Generationen zu bewahren, wurden in der Region nicht weniger als sieben Nationalparks eingerichtet, Gebiete also, in denen der Urzustand erhalten bleibt oder wiederhergestellt werden soll, wo die dort ansässigen Lebewesen frei und ungehindert nach ihren eigenen natürlichen Gesetzen leben können, und wo nicht zuletzt auch der Mensch die Freiheit, Ruhe und Einsamkeit finden kann, die er braucht, um zu verstehen, was das eigentlich ist: Natur.

Schon 1970 wurde hier ein besonders herausragendes Gebiet für und vor dem Menschen geschützt. Der Rondane-Nationalpark war geboren, in den Jahren bis 2003 kamen 20 weitere Schutzgebiete hinzu; und heute zählt das Land schon 48 Nationalparks. Insgesamt stehen damit in Norwegen mehr als 17 Prozent der Landesfläche unter Naturschutz, in Mitteleuropa ist es nur ein Prozent.

Mit dickem Fell lässt sich im rauen Klima gut bestehen. Mit der EU kooperiert Norwegen eng, wie die bunten Ohrmarken beweisen.

Das „Dach der Telemark" wird der 1883 m hohe Gaustatoppen genannt. Entsprechend weit blickt man von seinem Gipfel übers Land.

Unberührte Landschaft um den Gaustatoppen beim Städtchen Rjukan, dem „südlichen Tor zur Hardangervidda".

Geilo lebt vom Tourismusmagnet Hardangervidda. Beliebt ist die Langlauftour vom nahen Dörfchen Kikut zur Ruperanden-Hütte.

Haltestelle Finse: Die Bergen-Bahn verkehrt auch im Schneesturm zwischen Geilo und Bergen.

Glasklare, reine Luft, sichere Schneeverhältnisse, stille Landschaften: Das südliche Norwegen zählt zu den Top-Destinationen für Wintersport (hier Langlauf bei Geilo).

Ein unvergessliches Vergnügen ist die Fahrt mit dem Hundeschlitten auf dem See Ustedalsfjorden bei Geilo.

Liebgewonnene Freunde ...

DAS „LAND DER LEMMINGE"

Wie in der Demokratie die Freiheit des Einzelnen dort endet, wo sie die Freiheit der anderen angreift, müssen wir begreifen, dass in der Biosphäre die Freiheit des Menschen dort aufhört, wo sie die Existenz anderer Arten bedroht. Eben deshalb ist auch die Zahl der touristischen Einrichtungen in norwegischen Nationalparks vergleichsweise gering und wird eher nur ein Minimum an Infrastruktur zur Verfügung gestellt, insbesondere markierte Wanderwege und Übernachtungshütten. Im Hardangervidda-Nationalpark, dem südlichsten von Fjellnorwegen und mit 3244 Quadratkilometern Fläche größten des Königreichs, verbindet ein dichtes Netz von über 1200 Kilometern Wanderwegen die rund 50 Wanderhütten miteinander. Auch Norwegens populärste Radstrecke zieht sich heute quer über das ausgedehnteste Hochplateau Europas.

Selbst mit dem eigenen Fahrzeug kann man der von unzähligen Seen durchzogenen Kältesteppe nahe kommen, denn die Nationale Touristenstraße Hardangervidda (R7) zieht sich längs des Schutzgebietes hin. Es gilt als südlichstes Verbreitungsgebiet der arktischen Flora und Fauna. Mehr als 500 Pflanzenarten wurden registriert, des Weiteren 100 Vogel- und 21 verschiedene Säugetierarten, darunter das Wildren, dessen Bestand auf etwa 7000 bis 8000 Exemplare geschätzt wird. Auch der äußerst seltene Eisfuchs zählt dazu, darüber hinaus Schneehase und Hermelin und natürlich auch der Berglemming, der hier in manchen Jahren so zahlreich auftritt, dass die Vidda auch als „Land der Lemminge" bekannt ist.

DIE „HEIMAT DER RIESEN"

All diese Tierarten sind auch im 1151 Quadratkilometer großen Jotunheimen-Nationalpark ansässig, in dem zugleich die Flora dank kalkhaltiger Böden reich vertreten ist. Der größte Teil des Nationalparks liegt jedoch oberhalb der Baumgrenze. Immerhin drängen sich hier die 27 höchsten Berge des Landes aneinander. Der norwegische „Montblanc" ist der Galdhøpiggen mit 2469 Metern. Weitere rund 250 Gipfel übersteigen die 1900-Meter-Marke, und nicht weniger als 60 Gletscher gibt es in dieser größten und wildesten Gebirgsregion Nordeuropas. Nichts anderes will ihr im 19. Jahrhundert in nationalromantischer Begeisterung von dem Dichter Aasmund Olavsson Vinje geprägter Name „Heimat der Riesen" aussagen, der aus der nordischen Mythologie entlehnt wurde und an die Frost- und Reifriesen der Edda erinnert.

Insbesondere Bergsteiger und Kletterer erleben diese Gebirgsbastion als einmaliges Naturerlebnis. Doch auch der Wanderweg entlang des schmalen Besseggen-Grates markiert einen Höhepunkt. Wer das Herz der Bergwelt hingegen auf entspannendere Weise kennenlernen will, wählt eine Bootsfahrt. Von lang gestreckten Seen ausgefüllte Taltröge nämlich sind ein weiteres Charakteristikum von Jotunheimen. Diese Seen, allen voran Bygdin und Gjende, sind von einer derartigen Schönheit, dass sie in einer Liste der UNESCO schon in den 1960er-Jahren zu den „wichtigsten Seen der Welt" gerechnet wurden und heute als die schönsten Norwegens gelten. Die Nationale Touristenstraße Valdres führt im Westen des Schutzgebietes direkt an diesen Seen vorbei, während die Nationale Touristenstraße Sognefjell am Ostrand des Nationalparks verläuft.

WILDNIS WIE GEMALT

Sieht man einmal von Jotunheimen ab, lässt sich die Größe und Majestät der norwegischen Hochgebirgslandschaft nirgends eindrucksvoller erleben als im mächtigen Gebirgsstock von Rondane, dessen spektakuläre Grat- und Gipfelformen 1970 unter anderem Anlass waren, sein Kernland zum ersten norwegischen Nationalpark zu erklären. Er erstreckt

Im nördlichen Fjellnorwegen erstreckt sich der Rondane-Nationalpark. Der Nationale Touristenweg „Rondane“ bietet herrliche Ausblicke, hier vom Sohlbergsplassen zwischen Ringebu und Folldalan.

Im Rondane-Nationalpark bei Høvringen

Flüsse und Seen dienen als Revier für Kanu- und Kajaktouren.

Schafkontakt im Rondane-Nationalpark

Rondane-Nationalpark bei Høvringen: Die Holzhäuser, teils mit Grassoden bedeckt, fügen sich harmonisch ins Landschaftsbild ein.

Moschusochsen

Begegnungen der einmaligen Art

Im Nordwesten geht der Rondane-Nationalpark in den Dovrefjell-Sunndalsfjella-Nationalpark über, wo noch Moschusochsen in freier Wildbahn leben.

Der Nationalpark erstreckt sich in meist baumlosen Höhen nördlich des oberen Gudbrandsdals und bildet ein von Mooren und kleinen Seen durchzogenes Hochfjellplateau. Am Übergang von Süd- nach Mittelnorwegen sowie an der Wasserscheide zwischen Ost und West gelegen, birgt es das letzte intakte Hochgebirgsökosystem Europas. Wildren, Polarfuchs und Vielfraß sowie – ein Unikum – Moschusochsen koexistieren hier in natürlicher Weise.

227 Moschusochsen (im Jahr 2022), die bis zu 2,50 Meter lang und 400 Kilo schwer werden können, haben hier eine Heimat. Sie sind Nachfahren von aus Grönland stammenden Tieren, die in den 1930er- und 1950er-Jahren ausgewildert wurden.

Zotteltiere aus der Familie der Ziegen

In Europa war die Art seit Ende der letzten Eiszeit ausgestorben. Im Rahmen von Moschusochsensafaris wie auch individuellen Wanderungen kann man dem wiederkäuenden Paarhufer nahekommen, der in Gruppen von sechs bis 15 Tieren lebt. Die Fellriesen sind trotz ihres ehrfurchtgebietenden Aussehens äußerst friedliebend – vorausgesetzt, man akzeptiert einen Abstand von mindestens 200 Metern.

sich nordwestlich von Jotunheimen zwischen den oberen Abschnitten des Gudbrands- und Atnadals sowie dem Dovrefjell-Sunndalsfjella-Nationalpark.

Mitunter sind seine bis über 2000 Meter hoch aufragenden Berggestalten vom Gletscherschliff der Eiszeiten derart „angenagt“, dass sich die trennenden Kämme mal als scharfkantige Pyramiden zeigen, als gratschmale Felsmauern oder zackenstarrende Trapeze.

Zehn Gipfel mit Höhen über 2000 Meter befinden sich im Schutzgebiet, das sich in der Wildheit seiner oft völlig nackten Felswelten aber nur dem Wanderer offenbart, der hier auf ein dichtes Netz an markierten Wanderwegen zurückgreifen kann. So etwa auf den 17 Etappen langen Rondanestien, der Oslo mit dem Dovrefjell-Sunndalsfjella-Nationalpark verbindet und das Rondane-Schutzgebiet quert. Wer auf Gipfelsuche ist, wählt die zentrale Wanderhütte Rondvassbu als Ausgangspunkt, während sich die 170 Kilometer lange Troll-Loipe, die sich markiert bis nach Lillehammer hinzieht, für Cross-Country-Ski anbietet. Fahrend kann man den Nationalpark über die Nationale Touristenstraße Rondane erreichen. Dieser Weg zieht sich über die oft baumlose Hochebene Richtung Dovrefjell dahin – und wird von Rentieren gern genutzt.

Stabkirchen

CHIFFRE DES MITTELALTERS

Die Stabkirchen gehören zum typischen Norwegenbild wie die Fjorde, doch während es Fjorde auch anderswo gibt, findet man Stabkirchen nur hier. Sie stellen Norwegens originären Beitrag zur europäischen Frühgotik dar und markieren in der sakralen Holzbaukunst die höchste Entwicklungsstufe.

Stabkirche von Lom im nördlichen Jotunheimen

Holz bestimmte und bestimmt noch heute den Alltag und das Kulturbewusstsein der Norweger, und all die unzähligen hölzernen Profanbauten, meist weiß oder farbig gestrichen und oft mit Ornamenten reich verziert, ringen dem Betrachter Bewunderung ab. Ehrfurcht aber gebieten die norwegischen Sakralbauten aus Holz, die als das Nonplusultra der mittelalterlichen Holzbautechnik und Holzbaukunst überhaupt gelten und auf der Welt kein Gegenstück finden. Denn „selten wohl hat die Baukunst in Holz über das Notdürftige hinaus und zu höherer Schönheit und Zierde sich entwickelt", wie der Maler Johan Christian Clausen Dahl urteilte.

VON THOR UND ODIN ZU CHRISTUS

Gemeint sind die Stabkirchen, jene „Kirchengebäude von wildfantastischen Formen mit von der Zeit gebogenen und geschwärzten Stämmen und Bohlen, mit drachengeschmückten Giebeln, mit steilen Dächern und niedrigen Wänden (...), mit wildwachsender Ornamentvegetation überwuchert, in die sich seltsame Fabeltiere verkriechen und die so viel mehr an dämonische Götzentempel als an Gotteshäuser erinnern", wie es Lorentz Dietrichson in der „Holzbaukunst Norwegens" formulierte.

Wie sehr muss das „lebende" Innere dieser Stätten jene frühen Christen beeindruckt haben, als der Glaube an Thor, den Donnergott, und Odin, den höchsten unter den Göttern, an Geister und Dämonen noch tief in den Menschen verwurzelt war. Dies zeigt sich vor allem an den heidnischen Stilelementen, die allenthalben an den Stabkirchen zu finden sind. Da gibt es Portale, die das Leben germanischer Helden feiern, kopfverzierte Ständer, die an archaische Pfahlgötter erinnern, Bildsäulen, die sich als Odinsmale entpuppen. Die Edda – das aus Heldengesängen und Götterliedern bestehende Hauptwerk der altnordischen Literatur – ist hier im Schnitzbild lebendig geblieben. Auch die Kunst der Schmiede, die die Türen mit so gar nicht christlich anmutenden Rankenmotiven wie Drachen und Blumenornamenten beschlugen, kommt hier zur Geltung.

Links: Staunen erregt die Stabkirche Heddal mit ihrem mehrstufigen Dach. Sie ist die größte des Landes und wird auch die Kathedrale unter den Stabkirchen genannt.

Rechts: Die um 1150 erbaute Stabkirche von Borgund nahe Lærdal gilt als die schönste im Land. Auffallend: die mit Drachenköpfen verzierten Giebel.

HIMMELSSCHIFFE VOR ANKER

Eigenartig präsentiert sich auch das äußere Bild des baulichen Gefüges, das aus senkrechten Masten („stav“ = Masten, Stock oder Pfosten) besteht, die sich von starken Bodenschwellen erheben, den rechteckigen Kern umrahmen und das mit Schindeln gedeckte und mit Drachenköpfen gekrönte Satteldach des überhöhten Mittelbaus tragen. Klug durchdachte Anordnungen von Klemmbalken, Rahmenhölzern und Andreaskreuzen stabilisieren das bauliche Gefüge, dessen Konstruktionselemente im traditionellen Schiffsbau der Wikinger

»KIRCHENGEBÄUDE, DIE SO VIEL MEHR AN DÄMONISCHE GÖTZENTEMPEL ALS AN GOTTESHÄUSER ERINNERN …«

Oben: Kreuzigungsgruppe in der Urnes-Stabkirche am Lusterfjord; unten: Altar in der Stabkirche Borgund bei Lærdal

Fakten & Informationen

Infos online
www.stavkirke.info (engl., norw.):
fundierteste Webseite zum Thema Stabkirchen

www.stavechurch.com (engl., norw.):
informiert detailliert über neun Stabkirchen in Südnorwegen

www.youtube.com:
Nur hier ist er noch zu sehen, der rund 13 Minuten lange Arte-Film »Die Stabkirchen: architektonische Meisterwerke in Norwegen« aus dem Jahr 2018.

STABKIRCHEN (AUSWAHL)

Borgund (um 1150)
Eidsborg (13. Jahrhundert)
Garmo (um 1200), heute Museum Maihaugen, Lillehammer
Gol (um 1200), heute Norsk Folkemuseum, Oslo
Heddal (1147 begonnen)
Hopperstad (um 1130)
Lom (12. Jahrhundert)
Urnes (um 1130, heutiger Bau 12./13. Jahrhundert, restauriert 2010)

ähnlich verwendet wurden. Wohl deshalb bezeichnet man Stabkirchen auch als an „Land gestiegene Wikingerschiffe", als „Himmelsschiffe vor Anker", sichtbarer Ausdruck eines Volkes, das seinem Fernweh und Tatendrang nachgab, um die Welt zu erkunden.

VOM UNTERGANG BEDROHT

Geniale Meister ihres Fachs müssen sie gewesen sein, die Zimmerleute des Mittelalters, die zwischen dem 11. und 14. Jahrhundert meistens im Süden ihres Landes rund 1000 solcher Gotteshäuser schufen. Doch dann brach die Pest über Norwegen herein, es folgte die Reformation und im Laufe der Jahrhunderte fiel eine um die andere Stabkirche dem Feuer wie auch der Axt zum Opfer. Um 1800 konnte man noch etwa 100 zählen, und nur 31 sind heute der Nachwelt erhalten, wobei lediglich 21 noch dort stehen, wo sie einmal errichtet wurden.

Ihre größte Dichte findet sich im Bereich der großen Bauerntalungen des südlichen Binnenlandes (unter anderem im Gudbrandsdal und Numedal) sowie besonders auch entlang des inneren Sognefjords. Dort thront über einem spektakulären Seitenarm die wahrscheinlich schon Mitte des 11. Jahrhunderts errichtete Stabkirche von Urnes, die als die berühmteste und auch älteste des Landes gilt. Nicht zuletzt wegen ihrer einzigartigen Schnitzereien gehört sie zum Weltkulturerbe der UNESCO.

DÄCHER WIE PAGODEN

Nicht weniger herausragend steht die um 1150 erbaute Stabkirche von Borgund im nahe gelegenen Lærdal da, die nicht nur als das besterhaltene Beispiel norwegischer Holzbaukunst gilt, sondern auch im Ruf steht, die schönste Stabkirche des Königreiches zu sein. Mit ihren sechsfach gestaffelten Schindeldächern mutet sie wie das Abbild einer chinesischen Pagode an. Und auch im düsteren Innern, wo geschnitzte Menschenköpfe und Fabelwesen eine geheimnisvoll-mystische Stimmung vermitteln, glaubt man sich kaum in einem christlichen Gotteshaus.

Blick in die Stabkirche Heddal: Der Altar stammt aus dem Jahr 1667, Teile der Wandmalereien entstanden im 14. Jahrhundert, wurden aber 1668 mit Rosenmustern übermalt.

Hareid
Stordal
Marstein
Vartdal
Stranda
Liabygd
Valldal
Bjorli
Lesjaskog
Dovrefjell
Snøhetta
Dovrefjell n.p.
Hjerkinn
Tynset
Narbuvoll
Holøydal
Sæbø
Slogen
Eidsdal
Pyttegga
E136
Lora
Lesja
Folla
Folldal
Tron
Alvdal
Sunnmøre
7 Systre
Hellesylt
Eide
Reinheimen nasjonalpark
Dombås
Storhø
Dovre
Geirangerfjorden
Dalsnibba
Tverrfjellet
Store Sølnkletten
Barkald
Hornindalsvatn
Grodås
Pollfoss
Norberg
Rondane
Hedmark
Nordfjordeid
Oppstryn
Ottadalen
Garmo
Vågåmo
Rondslottet
n.p.
Hanestad
Øvre Rendal
Sandane
Utvik
Olden
Lom
Bjølstad
Otta
Atnbrua
Otnes
Breheimen
Bøverdal
Jotunheimen
Glittertinden
Galdhøpiggen
Lågen
Gudbrandsdalen
Åkrestrømmen
Jostedalsbreen n.p.
Jostedalsbreen
Bruheim
Jotunheimen n.p.
Ridderspranget
Vinstra
Ringebu
Elstad
Østerdalen
Skei
Jostedalen
Skjolden
Skagastølstindane
Knutsholstind
Ruten
Koppang
Ålhus
Fjærland
Gaupne
Luster
Fåvang
Glåma
Stavkirke
Urnes
Øvre Årdal
Vinstri
Bygdin
Oppland
Tretten
Sogndal
Hermansverk
Årdalstangen
Segalstad
Vestre Gausdal
Follebu
Fåberg
Balestrand
Leikanger
Kaupanger
Øye
E16
Lømen
Ormtjernkampen n.p.
Lillehammer
Vangsnes
Lærdalsøyri
Borlaug
Vang
Rogne
Viksøyri
Fresvik
Borgund
Høgeloft
Synnfjell
Nærøyfjorden
Aurlandsvangen
Hemsedalsfjella
Hemsedal
Valdres
Fagernes
Leira
Aurdal
Nykirke
Biri
Moelv
Brumunddal
Gudvangen
Raudbergskarvet
Stalheimskleiva
Vinje
Flåm
Bagn
Begna
Dokka
Gjøvik
Hamar
Myrdal
Geiterygghytta
Halling-skarvet
Hallingskarvet n.p.
Torpo
Gol
Raufoss
Kapp
Mjøsa
Stange
Voss
Mjølfjell
Ål
Hol
Finse
Hallingdalselvi
Nesbyen
Begndal
Hov
Reinsvoll
Skreia
Ulvik
Hardangerjøkulen
Geilo
Hedal
Randsfjorden
Granvin
Eidfjord
Tunnhovd
Storruste-fjell
Nes
Eina
Alvik
Brimnes
Vøringfossen
Flå
Kinsarvik
Hallingdal
Lågen
Dagali
Hurdal
Lofthus
Hordaland
Buskerud
Brandbu
Gran
Hurdalssjøen
Jondal
Sørfjorden
Hardangervidda
Synhovd
Rødberg
Norefjell
Råholt
Uvdal
Eggedal
Sokna
Grua
Nannestad
Hårteigen
Nore
Noresund
Jevnaker
Hønefoss
Harestua
Tyssedal
Odda
Hardangervidda nasjonalpark
Storfjell
Numedal
Krøderen
Tyristrand
Norderhov
Sigdal
Nittedal
Holmenkollen
Kløfta
Folgefonni
Solfonn
Bakko
Rollag
Prestfoss
Tyrifj.
OSLO
Slattum
Lillestrøm
Skare
Sandfloeggi
Mæl
Vikersund
Rjukan
Geithus-Åmot
Fetsund
Røldal
Møsvatnet
Gausta
Flesberg
Lampeland
Hokksund
Asker
Hordalia
Haukelisæter
Haukelifjell
Vassdalseggi
Haukeligrend
Rauland
Tinnoset
Mjøndalen
Drammen
Nesoddtangen
Ski
Nesflaten
Totakvatn
Kongsberg
Røyken
Sætre
Svelvik
E18
Drøbak
Telemark
Åmot
Heddal stavkirke
Notodden
Skollenborg
Sande
Tofte
Spydeberg
Hovden
Snønuten
Seljord
Lifjell
Skrimfjella
Hvittingfoss
Holmestrand
Urdenosi
Dalen
Kviteseid
Bø
Gvarv
Horten
Moss
Erfjord
Bykle
Vestfold
Rygge
Østfold
Blåsjøen
Bandak
Lunde
Norsjø
Åsgårdstrand
Larkollen
Råde
Vrådal
Siljan
Tønsberg
Lervik
Maßstab 1:1.400.000
0
20 km
Valle
Ulefoss
Skien
Sandefjord
Årøysund
Fredrikstad
Rjuven
Setesdal
Fyresdal
Porsgrunn
Slevik
Nissedal
Drangedal

NORWEGENS HERZSTÜCK

Im Zentrum von Südnorwegen erheben sich mit Jotunheimen, Dovrefjell und Rondane die höchsten Gebirgszüge Skandinaviens, während die Hardangervidda das größte Hochplateau Europas ist. Zu den kulturellen Attraktionen zählen unter anderem die zahlreichen Stabkirchen, und auch die Rosenmalerei ist hier beheimatet.

1 Hovden

Hovden ist ein Outdoor-Zentrum, ein hochkarätiger Wintersportort (400 Einw.), obendrein idealer Ausgangspunkt für das Setesdal.

ERLEBEN
Über das Touristenbüro bucht man Dutzende Aktivitäten. **Wanderung:** (Sessellift-)Weg zum 1183 m hohen **Nos** (Juli–Mitte Aug. tgl. 11.00 bis 16.00 Uhr, bis Ende Aug. nur Sa.), von wo man in 4 Std. wieder absteigt. Für alles, was mit **Wintersport** zu tun hat, ist das Hovden Skisenter zuständig (Tel. 37 93 94 00, http://hovdenalpinsenter.no).

UMGEBUNG
Das **Setesdal** gilt als das traditionsreichste Bauerntal des Südens, ist der Norweger liebstes Urlaubsziel im Binnenland (https://de.visitsorlandet.com/reiseziele/setesdal). Die um 1250 erbaute **Stabkirche von Eidsborg** (95 km westl.) schmiegt sich malerisch in die Natur ein (www.visittelemark.no, Mai–15. Sept. tgl. Führungen um 11.00, 13.00 und 15.00 Uhr). Angrenzend informiert das **Vest Telemark Museum** besonders über die Rosenmalerei sowie Handwerkstechniken (geöffnet wie Stabkirche).

INFORMATION
Turistinformasjon Hovden
4755 Hovden, Tel. 37 93 93 70
https://hovden.com, https://visithovden.com

2 Rjukan

Das zu Füßen fast 2000 m hoher Berge gelegene Städtchen ist das südliche Tor zur Hardangervidda und steht seit 2015 mit seinen Stätten der Industriekultur auf der Welterbeliste der UNESCO. 1907 wurde hier das damals stärkste Wasserkraftwerk der Welt errichtet.

ERLEBEN
Die Seilbahnfahrt mit der **Krossobahn** endet auf 890 m Höhe, wo Panoramen, Wanderungen und Mountainbiketouren einladen (www.krossobanen.no, Mitte Juni–Aug. tgl. 9.00–20.00, sonst tgl. 10.00–16.00 Uhr). Ein anderer Höhenflug hat das „Dach der Telemark" zum Ziel, den 1883 m hohen **Gaustatoppen**, den man wandernd (hin und zurück ca. 4 Std.) und per Kabelbahn erreichen kann (https://gaustabanen.no, Mitte Febr.–Mitte Okt. tgl. 10.00–17.00 Uhr).

Rjukan: Chemie- und Wasserkraftwerk Vemork (o.), Gaustabanen-Standseilbahn (r. o.), Brückenfigur in Kongsberg (r. u.)

HOTEL
Das **€€€–€€€€ Gaustablikk Høyfjellhotel** (16 km östlich von Rjukan, Tel. 35 09 14 22, www.gaustablikk.no) liegt auf fast 1000 m Höhe und zählt zu den Spitzenhotels. Ideale Lage für Skifahrer. Mit großem Wellnessbereich, Terrasse mit Blick auf den Gaustatoppen.

UMGEBUNG
„Der Kampf um das schwere Wasser" ist Hauptthema des 7 km westlich gelegenen **Norwegischen Industriearbeitermuseums** (https://nia.no, Mitte Juni–Mitte Aug. tgl. 10.00 bis 18.00, sonst Di.–So. 12.00–16.00 Uhr). Ein panoramareiches Stückchen weiter sind die Ausläufer des **Stausees Møsvatn** mit dem **Hardangervidda-Nationalparkzentrum** erreicht (http://hardangerviddanasjonalparksenter.no, tgl. 10.00–16.00 Uhr, Juni–Aug. tgl. bis 18.00 Uhr).

INFORMATION
Rjukan Turistkontor – Visit Rjukan
Sam Eydesgate 92, 3660 Rjukan
Tel. 35 08 05 50, www.visitrjukan.com

3 Kongsberg

Gegründet wurde Kongsberg 1624 nach ergiebigen Silberfunden. Im 18. Jh. war die freie Bergstadt die zweitgrößte des Landes. Heute zählt sie 30 000 Einwohner.

SEHENSWERT
Das Stadtzentrum wird von der **Kongsberg-Kirche** dominiert, mit 2400 Sitzplätzen die größte des Landes, ganz im Stil des Rokoko eingerichtet (22. Juni–15. Aug. Di., Mi., Do. 11.00 bis 15.00, sonst nur So. zur Messe um 11.00 Uhr).
Das **Norwegische Bergwerksmuseum** wartet auch mit einer umfangreichen Silber- und Mineraliensammlung auf. Angeschlossen sind ein Skimuseum, die Königliche Münze (u. a. umfangreiche Münzsammlung) sowie ein Waffenmuseum (https://norsk-bergverksmuseum.no, Mitte Mai–Mitte Aug. tgl. 11.00 bis 17.00, sonst nur Di.–So. 12.00–16.00 Uhr).

VERANSTALTUNG
Kongsberg-Jazzfestival (Anfang Juli, 4 Tage, http://kongsbergjazz.no)

HOTEL
Beim **€€€ Best Western Gyldenløve Hotell** (Hermann Fossgate 1, Tel. 32 86 58 00, www.gyldenlove.no) handelt es sich um ein Mittelklassehotel mit hellen und angenehmen Zimmern.

UMGEBUNG
Highlight sind die 7 km außerhalb am Weg nach Notodden gelegenen **Silberminen von Saggrenda.** Mit dem Grubenzug geht es knapp 2,5 km weit und 342 m tief in die authentisch erhaltene Grube hinein (https://norskbergverksmuseum.no, Mitte Mai–Anfang Okt. 1–4-mal tgl., Hochsommer 10, 12, 14, 16 Uhr). 30 km weiter liegt am gleichen Weg die **Heddal-Stabkirche**, die größte Stabkirche der Welt (Tel. 92 20 44 35, www.heddalstavkirke.no, Anfang Mai–Mitte Sept. tgl. 10.00–17.00 Uhr). Das **Numedal** markiert die spannendste Route von Kongsberg nach Geilo. Von den rund 200 authentisch erhaltenen Blockbauten aus dem Mittelalter in Norwegen finden sich 44 in diesem naturschönen Talzug. Er ist darüber hinaus Standort von gleich vier Stabkirchen (http://middelalderuka.no).

INFORMATION
Kongsberg Næringsforum (Touristinfo)
Kirketorget 4, 3616 Kongsberg
Tel. 32 29 90 50, www.visitkongsberg.no

Tipp

Rallarveg-Radeln

Rallarvegen ist der Name des alten Transportweges, der während des Baus der Bergenbahn über die Hardangervidda angelegt wurde. In den 1970er-Jahren wurde er zu einem Radwanderweg ausgebaut, der heute die populärste Bikestrecke des Nordens ist. Er verbindet die Stationen Haugastøl mit Vatnahalsen und kann durch die Strecke Myrdal–Flåm sowie Geilo–Haugastøl verlängert werden. Der gesamte Abschnitt zwischen Haugastøl und Flåm ist 91 km lang. Von Flåm aus kann man mit der Flåmsbahn mit Umstieg in Myrdal zur Bergenbahn zurückfahren.

RADVERLEIH/UNTERKUNFT
www.rallarvegen.com

Hardangervidda in der Nähe von Geilo: Elche vor dem 1933 m hohen Hallingskarvet

 Geilo

Die Hardangervidda liegt vor der Haustür dieses Städtchens, dessen 2500 Einw. im Sommer wie Winter nahezu ausschließlich vom Tourismus leben. Hier bieten sich herrliche Ausflüge an, nicht zuletzt für Kulturreisende.

ERLEBEN
Unvergesslich ist eine Fahrt mit dem Geilo-Sessellift auf die 1080 m hohe **Geilohöhe** (www.skigeilo.no/sommerheis, Juni bis 20. Aug. tgl. 10.00–17.00 Uhr). Auch für **Mountainbike-Freaks** ist die Höhe top, denn mehr als 50 km „Freeride Trails" laden ein. Im **Sommer** stehen neben Wanderungen vor allem Gletschertouren, Elchsafaris, Kanutouren, Pferdetrecks, Rafting und Canyoning auf dem Programm, neuerdings auch eine Seilrutsche. Beim **Wintersport** dreht sich alles um Skifahren und Snowboarding, Skiwanderungen und Skischule für die Kleinen (SkiGeilo, Tel. 32 09 00 00, www.skigeilo.no); auch Touren mit dem Hundeschlitten erfreuen die Gäste.

HOTEL
Etwa 2 km östlich vom Zentrum an der R 7 befindet sich das **€–€€€ Geilo Vandrerhjem/Øen Turistsenter** (Lienveien 137, Tel. 32 08 70 60, https://oenturist.no), ein großes Ferienzentrum mit Jugendherberge und Hüttenvermietung.

UMGEBUNG
Die Fahrt von Geilo aus entlang der Nationalen Touristenstraße Hardangervidda (R 7, siehe S. 95) zum 75 km entfernten **Vøringsfossen** wird zu den Highlights von Norwegen gerechnet. Empfehlenswert auch ein Abstecher entlang der R 7 zum 26 km entfernten **Ål**; das Zentrum des oberen Hallingdal trumpft u. a. mit der bedeutendsten Ausstellung zur Rosenmalerei in Norwegen auf (https://aal.kulturhus.no, Mo.–Fr. 8.00–16.00 Uhr).

INFORMATION
Visit Geilo
Vesleslåttveien 13, 3580 Geilo
Tel. 32 09 59 00, www.geilo.no

 Fagernes

Eine Fahrt entlang dem gipfelstarrenden Gebirgsstock von Jotunheimen ist unvergesslich. Idealer Ausgangspunkt ist das im Valdres gelegene Fagernes (18 000 Einw.); obendrein ist der liebliche Talzug Standort mehrerer Stabkirchen.

MUSEUM
Das **Valdres Folksmuseum** besticht mit mehr als 100 bis über 800 Jahre alten Gebäuden aus dem Valdres (https://valdresmusea.no, Mai–Sept. Di.–So. 11.00–16.00, sonst nur Mi. bis Fr. 11.00–17.00, Sa./So. 11.00–16.00 Uhr).

ERLEBEN
Atemberaubende Ausblicke sowie des Landes zweitpopulärste Wanderung machen die zwischen Fagernes und Vågåmo verlaufende **Nationale Touristenstraße Valdresflya** zu einem Tourenklassiker. Sie folgt der Fv 51 und passiert u. a. den felsgefassten **Bygdin-See,** auf dem ein Veteranenboot verkehrt (Tel. 61 36 59 00, https://jvb.no/nb/m-b-bitihorn, 28. Juni bis 28. Aug. tgl. um 9.05 und 13.30 Uhr). Nächste Landmarke ist die 1389 m hohe Valdresflya, die zum **Gjende-See** hin abfällt, der im Ruf steht, Norwegens schönster Gebirgssee zu sein. Eine Bootsfahrt sowie die Wanderung über den **Besseggengrat** gehören zum touristischen Pflichtprogramm (siehe „Ja natürlich", S. 115).

UMGEBUNG
Das Valdres besitzt mehr **Stabkirchen** als irgendeine andere Region des Königreiches: Gleich sechs dieser Gotteshäuser laden zum Besuch ein; in einer Broschüre des Touristenbüros sind sie alle verzeichnet.

INFORMATION
Valdres Turistkontor
Jernbanevegen 7, 2900 Fagernes
Tel. 40 18 91 18, https://de.valdres.com

 Lom

Lom (1800 Einw.), das bedeutendste Ferienzentrum von Jotunheimen, liegt an der Kreuzung der Sognefjellstraße mit der vom Gudbrandsdal nach Geiranger verlaufenden R 15.

SEHENSWERT
Die **Stabkirche** ist Blickfang im Ort (www.stavechurch.com, Mitte Juni–Mitte Sept. tgl. 9.00–17.00 Uhr). Nahebei findet sich mit dem **Fossheim-Steinzentrum** die größte Sammlung an Mineralien und Schmucksteinen in Norwegen (http://fossheimsteinsenter.no, Mitte Juni–Mitte Aug. tgl. 10.00–18.00, sonst tgl. 10.00–16.00 Uhr).
Das nahe der Stabkirche eingerichtete **Norwegische Gebirgsmuseum** mit dem Infor-

mationszentrum des Nationalparks ist eines der ökologisch engagiertesten Naturmuseen Europas (www.norskfjellsenter.no, Ende Juni bis Mitte Aug. tgl. 9.00–19.00, sonst Mi.–Fr. 10.00–15.00 Uhr).

HOTEL/RESTAURANT
In einem schmucken Holzbau aus dem 19. Jh. befindet sich das **€€€€ Fossheim Turisthotell** (Tel. 61 21 95 00, www.fossheimhotel.no). Das Hotelrestaurant wird zu den besten des Landes gezählt, zur Auswahl stehen Gourmetmenüs (tgl. 18.30–21.30 Uhr).

UMGEBUNG
Für die Weiterfahrt nach Süden bietet sich von Lom aus die Nationale Touristenstraße Sognefjellet an (siehe „Unsere Favoriten", S. 95) bzw. vom rund 24 km westlich gelegenen **Vågåmo** alternativ auch die Nationale Touristenstraße Valdresflya. In Vågåmo selbst lohnt besonders die Stabkirche von Vågå (Ende Juni–Mitte Aug. tgl. 11.00–16.00 Uhr) einen Besuch.

INFORMATION
Lom Turistinformasjon (im Gebirgsmuseum)
2686 Lom, Tel. 61 21 29 90
www.visitjotunheimen.com

7 Otta

Üppige Sportangebote und Ausflugsmöglichkeiten ohne Ende machen das Städtchen zu einem idealen Standort. Es liegt an der Abzweigung des Ottadals und beheimatet 2300 Einw.

MUSEUM
Das **Otta Nasjonalparksenter** informiert vorbildlich über Flora, Fauna und Geologie des Rondane-Nationalparks (Tel. 61 24 14 44, www.nasjonalparkriket.no, Mo.–Fr. 8.00–16.00 Uhr).

UMGEBUNG
Sjoa (12 km südl.) ist „das" Zentrum für Rafting und Kayaking, Canyoning, Riverboarding (Sjoa Gjestehus & Vandrerhjem, Tel. 61 23 60 37, https://heidalraftingisjoa.no). Mit dem **Rondane-Nationalpark** in direkter Nachbarschaft sind die Wander- und Trekkingmöglichkeiten unerschöpflich; insgesamt bieten 16 über das Schutzgebiet verteilte Hütten Übernachtsmöglichkeiten. Moschusochsensafaris, Vogelbeobachtungstouren und Wanderungen sind die „Renner" auf dem Dovrefjell, **Dombås** (46 km nordwestl.) ist dafür Ausgangspunkt. Das Dombås Nasjonalparksenter ist dem Rondane- sowie Dovrefjell-Sunndalsfjella-Nationalpark gewidmet (www.nasjonalparkriket.no, Mo.–Fr. 8.00–16.00 Uhr). Ende Mai–Ende Sept. starten tgl. um 10.00 Uhr ab dem Touristenbüro geführte fünfstündige Moschusochsensafaris aufs Dovrefjell (Buchung u.a. über http://dombås.com/moskussafari sowie www.dovrelesja.no/musk-ox-safari).

INFORMATION
Otta Turistkontor, Ola Dahls gate 1, 2670 Otta
Tel. 61 24 14 44, www.nasjonalparkriket.no

PEER GYNT LÄSST GRÜSSEN

Nomen est omen – übersetzt bedeutet Besseggen schließlich „Sensengrat". Und so schaut er auch aus, der Gebirgsrücken im Osten von Jotunheimen, der bis auf 1743 m ansteigt. Der Gipfel ist Etappenziel einer durchaus anspruchsvollen Wanderung, die aber mit Trittsicherheit, Schwindelfreiheit und guter Kondition ausgestattet problemlos zu meistern ist. Die teilweise recht steile Tour auf Peer Gynts Spuren bietet Landschaftspanoramen der Superlative und zählt zweifelsohne zu Norwegens Top drei der Tageswanderungen.

Die Wanderung zum Besseggengrat ist nicht ganz einfach, aber mit ein wenig Kondition schafft man die Strecke in einem knappen Tag.

Henrik Ibsen hat dem Besseggengrat mit seinem „Peer Gynt" Weltruhm verschafft. Der Grat präsentiert sich als ein mehrere Meter breiter Panoramabalkon mit sensationeller Aussicht auf den smaragdgrünen Gjende-See zur einen und den kobaltblauen Bessvatn-See zur anderen Seite. Diese ist reicher Lohn für die Wanderung, die auf rund 1000 m Höhe am Gjendesheim startet. Als ein weithin sichtbares Band führt der Weg steil bis auf den Gipfel des Veslefjells, wo der leichte Abstieg hin zum eigentlichen Grat beginnt.

Von dort geht es auf ein Plateau, sodann hinab und schließlich steil bergab zum Gjende-Sees, wo man schließlich in Memurubu am Ziel der Wanderung angelangt ist. Dort kann man übernachten oder auch gleich das Boot zurück nach Gjendesheim nehmen. Eingefleischte Wanderer, die noch nicht genug haben, können auch am See entlang dorthin zurückwandern.

Für die 14 km lange Tour über den Grat benötigt man fünf bis sieben Stunden, es sind rund 1100 Höhenmeter zu bewältigen. Der Wanderweg zwischen Memurubu und Gjendesheim ist rund 11 km lang und in drei bis vier Stunden wesentlich einfacher zu meistern.

An-/Abfahrt, Übernachtung: Unter http://besseggen.net (auch auf Englisch) gibt es Infos zu Bootszeiten sowie geführten und alternativen Wanderungen.

HILFREICH & NÜTZLICH

Keine Reise ohne Planung. Auf den folgenden Seiten haben wir für Sie Wissenswertes und wichtige Informationen für Ihren Norwegen-Urlaub zusammengefasst.

Anreise

Mit dem Auto: Dank der Brücken über den Großen Belt und Öresund muss man keine Fähre mehr nehmen, doch ist diese Variante nicht billiger (Mautpflicht; https://storebaelt.dk und www.oresundsbron.com). Die Autofähren sind nachts am günstigsten, an Wochenenden am teuersten. Preisvergleiche z. B. unter www.aferry.de. Color Line (www.colorline.de) bedient u. a. tgl. die Strecken von Hirtshals nach Larvik und Kristiansand sowie von Kiel nach Oslo. Fjord Line (www.fjordline.com/de) verbindet Hirtshals mit Kristiansand, Stavanger und Bergen. TT-Line (www.ttline.com) fährt von Rostock bzw. Travemünde nach Trelleborg/Schweden, Scandlines (www.scand lines.de) von Rostock nach Gedser sowie von Puttgarden/Fehmarn nach Rødby.
Mit dem Bus: Oslo wird von Dutzenden Städten Deutschlands aus tgl. angefahren. Zu buchen über Flixbus (www.flixbus.de); gefahren wird fast immer nachts. Mit dem Busnetz von NOR-Way-Bussekspress (www.nor-way.no) kann man bequem alle größeren Städte in Südnorwegen erreichen, kleinere Orte sind durch lokale Buslinien verbunden.
Mit der Bahn: Internationale Züge fahren nach Oslo (www.bahn.de), innerhalb von Südnorwegen sind die Strecken der VY (Norske Statsban) von Oslo nach Stavanger, Bergen und Røros sowie durch das Gudbrandsdal und Romsdal von Bedeutung (Tel. 61 05 19 10, oder www.vy.no); am günstigsten fährt man mit „Minipris".
Mit dem Flugzeug: Internationale Flüge steuern Oslo und Bergen an, Inlandsflüge gehen u. a. nach Stavanger, Ålesund und Molde; ein dichtes Netz haben Norwegian (www.norwegian.no), SAS (wwsw.flysas.no) und Widerøe (www.wideroe.no) gespannt.
Fähren und Schiffe: Im Land der Fjorde kürzen viele preisgünstige und seit 2022 teilweise auch kostenlose Fähren die Routen ab. Auf zahlreichen Strecken werden auch Schnellboote (nur Personen- und Fahrradtransport) eingesetzt. Nicht zu vergessen sind die Schiffe der Hurtigruten und Kystruten. Die Tickets für kurze Passagen bekommt man direkt an Bord, auch Fahrräder und Autos werden transportiert. Über Rabatte informieren www.hurtig ruten.com/de und www.havilavoyages.com.
Nahverkehr: Das Verkehrsnetz der Städte ist vorbildlich. Über das Servicetelefon 177 erhält man auch auf Englisch Fahrplaninformationen.

Auskunft

Das **Norwegische Fremdenverkehrsamt** erteilt allgemeine Reiseinformationen und ist auch für Österreich und die Schweiz zuständig:
Innovation Norway, Caffamacherreihe 5, 20355 Hamburg, Tel. 040 229 41 50, www.visitnorway.de
Im Internet: Besuchenswerte Websites sind u. a. www.norwegen.no (offizielle Norwegenseite), https://norwegen-freunde.com und das Infoportal www.norwegenservice.net.
Für die Reiseplanung empfiehlt sich die **App** „Visit Norway-nearby" des Norwegischen Fremdenverkehrsamtes (https://www.visitnorway.de/typisch-norwegisch/apps).

Autofahren

Die zulässige **Höchstgeschwindigkeit** liegt bei 50 km/h in geschlossenen Ortschaften, 80 km/h außerhalb bzw. 60 km/h für (ungebremste) Gespanne. Eine Überschreitung kann sehr teuer werden. Die **Blutalkoholgrenze** liegt bei 0,2 ‰. Auch tagsüber ist in Norwegen mit Abblendlicht zu fahren. Die **Treibstoffpreise** sind etwas höher als in Deutschland. In Südnorwegen muss man auf zahlreichen Strecken **Maut** bezahlen (ca. 2–20 € für Pkws). Alle Mautstationen sind automatisiert; das Kennzeichen wird per Kamera registriert und die Rechnung nach einigen Wochen zugeschickt (weitere Infos, auch auf Deutsch, unter www.autopass.no). Das **Nationalitätskennzeichen** ist Pflicht, der nationale Führerschein ausreichend.

Botschaften

Deutsche Botschaft:
Oscars gate 45, 0258 Oslo, Tel. 23 27 54 00, http://www.oslo.diplo.de/

Österreichische Botschaft:
Thomas Heftyes gate 19-21, 0244 Oslo, Tel. 22 54 02 00, https://www.bmeia.gv.at/no/den-oesterrikske-ambassade-i-oslo

Schweizer Botschaft:
Oscars gate 29, 0244 Oslo, Tel. 22 54 23 90, http://www.eda.admin.ch/oslo

Blick auf den Aurlandsfjord bei Undredal, einem winzigen Weiler mit rund 100 Einwohnern

Einkaufen

Geschäfte sind im Allgemeinen werktags von 9.00/10.00 bis 16.00/17.00 geöffnet, Do. bis 19.00/20.00, Sa. bis 13.00 Uhr. Supermärkte schließen meist erst um 20.00/22.00 Uhr (Sa. 18.00/20.00 Uhr). **Banken und Postfilialen** machen eine Mittagspause, öffnen dafür meistens schon um 8.00/8.15 Uhr. Staatliche Alkoholläden mit Namen **Vinmonopolet** (www.vinmo nopolet.no) findet man ausschließlich in Städten; sie öffnen Mo.–Mi. und Fr. 10.00 bis 16.00, Do. bis 17.00, Sa. 10.00–14.00 Uhr. Überall im Land bieten **Kunstgewerbegeschäfte** (oft als „Husfliden" bezeichnet) typisch norwegische Produkte an, z. B. **Strickwaren** im Norweger-Muster, gewebte Wandteppiche, handbemalte **Holzgegenstände**, Schmuck u. v. m. Auch **Trolle** werden im „Land der Trolle" natürlich allerorten verkauft.

Essen und Trinken

Fisch kommt in Norwegen stets frisch auf den Tisch. Die bekannteste und teuerste Fischspezialität ist Røkelaks (Räucherlachs), die populärsten und billigsten heißen Fiskekaker (Fisch-Frikadellen) und Fiskesuppe (Fischsuppe), die geschmacklich gewöhnungsbedürftigsten sind Rakørret (gesalzene und angegorene Forelle) und vor allem Lutefisk (in Lauge gewässerter aufgequollener Stockfisch). Von den **Fleischspezialitäten** sollte man Spekemat (gepökeltes Dörr- oder Rauchfleisch) gekostet haben, ebenso auch Fenalår (geräucherte Hammelkeule), Fårikål (Eintopf aus Weißkohl und Hammelfleisch) und Pinnekjøtt (gebratene Hammelrippchen). Gut und immer günstig ist Betasuppe (Gemüsesuppe mit

Preiskategorien

€€€€	Hauptspeisen	über 35	€
€€€	Hauptspeisen	30–35	€
€€	Hauptspeisen	25–30	€
€	Hauptspeisen	unter 25	€

Die Entfernungen in Norwegen sind beträchtlich, die Reisegeschwindigkeit ist aufgrund von Tempolimit und oft kurvigen Routen eher gemächlich – dafür gibt es unterwegs wundervolle Aussichten in Hülle und Fülle (hier: Atlantikstraße bei Vevang und Karvag).

Fleisch), ebenso lecker wie teuer sind Elgstek (Elchbraten) und Reinsdyr (Rentier).
Alkohol: Aufgrund strenger Alkoholgesetze ist es außerhalb der Häuser der Spitzengastronomie eher unüblich, Alkohol zum Essen zu trinken. Den genießt man eher separat. Die Preise sind sehr hoch, 0,4 l Bier (Øl) kosten um 10 €, selbst im Geschäft müssen für dieselbe Menge noch durchschnittlich gut 3 € bezahlt werden. Wein (ab ca. 12 €) und Spirituosen erhält man nur in den Alkoholläden (siehe S. 116).
Kaffee kostet etwa 3–4 € im Restaurant. In vielen gastronomischen Betrieben schenkt man sich aus Thermoskannen selbst ein.

Feiertage

Feiertage sind der 1. Jan., Gründonnerstag, Karfreitag und Ostermontag, der 1. Mai, der 17. Mai (Nationalfeiertag), Christi Himmelfahrt, Pfingstmontag, Sankt Hans (Mittsommertag, 24. Juni) sowie der 25. und 26. Dezember.

Geld

Zahlungsmittel ist die Norwegische Krone (NOK). Bargeldloses Zahlen, selbst bei Kleinstbeträgen, ist absolut üblich. Norwegen ist ein Hochlohnland, weshalb die meisten Grundnahrungsmittel teurer sind als zu Hause.
Umrechnungskurs: 10 NOK = 0,88 €, 1 € = 11,36 NOK. Aktuelle Wechselkurse unter https://bankenverband.de/service/waehrungsrechner

Gesundheit

In Norwegen wird die **Europäische Versicherungskarte** akzeptiert, die von den Krankenkassen zu Hause ausgestellt wird. Es wird dennoch eine Zuzahlung fällig: z. B. ca. 16 bis 40 € für einen Facharztbesuch. Für Medikamente sind generell 38 % der Gesamtkosten selbst zu zahlen. Der Abschluss einer privaten **Reisekrankenversicherung**, die auch den Krankenrücktransport abdeckt, ist sehr zu empfehlen.

Jedermannsrecht

„Freiheit in der Verantwortung" – so könnte man das Motto des über Jahrhunderte gewachsenen „Allemannsretten" umschreiben. Es legt u. a. fest, dass man überall einige Nächte zelten darf, sofern sich der Standort nicht auf landwirtschaftlicher Nutzfläche oder in der Nähe eines Wohnhauses befindet. Gruppen aber müssen die Erlaubnis des Eigentümers einholen. Aber auch für Einzelreisende gehört es sich, um Erlaubnis zu bitten – besonders dann, wenn man mehr als eine Nacht zu bleiben gedenkt.

Notruf

Feuerwehr: 110
Polizei: 112
Krankenwagen: 113
Norwegischer Automobilclub NAF: 085 05

Kredit-/Bankkartenverlust: Tel. 0049 116 116 (für Deutschland)

Reisedokumente

Zur Einreise genügt für Erwachsene ein gültiger Personalausweis oder Reisepass. Jedes Kind benötigt ein eigenes Ausweisdokument.

Sport

Angeln: Südnorwegen gilt als eines der bedeutendsten Angelreviere Europas, Informationen erteilen die jeweiligen Fremdenverkehrsämter. Meerangeln darf man wo und wie oft man will, für das Süßwasserangeln auf wandernde Fischarten (Lachs, Meerforelle, Meersaibling) sowie für den Krebsfang ist eine Fischereigebühr („fiskeravgift") von rund 30 € zu entrichten (u. a. in jeder Postfiliale); neben dieser Lizenz ist zusätzlich oftmals eine „fiskekort" erforderlich (zumeist bei der Tourist-Information).
Radwandern: Die Infrastruktur ist ausgezeichnet, es gibt rund 20 ausgeschilderte Fahrradrouten quer durchs Land, auch kann man überall Fahrräder ausleihen; sogar Rückgabe am Zielort ist oft möglich. Alle Routen sind ausführlich beschrieben unter www.visitnorway.de.
Wandern: Urlauber finden nicht nur unzählige Wandermöglichkeiten, sondern auch eine perfekte Infrastruktur. Ein ungemein dichtes Netz von Wanderhütten und markierten Wanderwegen erschließt alle Regionen. Bei den jeweiligen Touristenbüros bekommt man zusätzliche Informationen (u. a. Kartenmaterial).
Ein bekannter Fernwanderweg in Fjellnorwegen ist der Rondanestien (24 Etappen; https://ut.no), der Oslo auf rund 437 km mit dem Nationalpark Dovrefjell-Sunndalsfjella verbindet und das Rondane-Schutzgebiet quert.

Info

Daten & Fakten

Geografie: Norwegen erstreckt sich am Westrand der skandinavischen Halbinsel über mehr als 14 Breitengrade vom Kap Lindesnes bis zum Nordkap.
Die in diesem Band gezogene Nordgrenze von Südnorwegen verläuft auf dem Dovrefjell. Das Gebiet umfasst rund 170 000 km² (Gesamtnorwegen 324 000 km²). Rund 23 % der norwegischen Landfläche sind bewaldet, 74 % bestehen aus Gebirgs- und Ödland, nur rund 2,7 % sind landwirtschaftlich nutzbar. Höchster Berge ist der Galdhøpiggen (2469 m), der längste Fjord der Sognefjord (204 km) und der größte Gletscher der Jostedalsbreen mit rund 487 km²; alle drei befinden sich in Südnorwegen.
Bevölkerung: Südnorwegen wird von etwa 4,5 Mio. Menschen bewohnt (Gesamtnorwegen 5,6 Mio.). Die größten Städte sind Oslo (720 000 Einw.), Bergen (295 000 Einw.) und Stavanger mit 149 000 Einwohnern. Die Bevölkerungsdichte beträgt im Durchschnitt ca. 27 Einw./km² (Gesamtnorwegen ca. 17 Einw./km²). 75 % der Norweger sind evangelisch-lutherische Christen.
In Südnorwegen werden Bokmål und Nynorsk gesprochen, beide eng mit dem Deutschen und dem Englischen verwandt. Englisch versteht fast jeder.
Wirtschaft: Mit einem Pro-Kopf-Einkommen von rund 81 000 € bei keinerlei Staatsschulden und 2,8 % Inflationsrate ist Norwegen eines der reichsten Länder der Welt. Der Großteil des Bruttoinlandsprodukts wird durch Erdöl- und Erdgasförderung verdient, nahezu der gesamte Energiebedarf durch Wasserkraft gedeckt. Nach dem Ölgeschäft ist der Tourismus der profitabelste Sektor.

Über Outdoor-Aktivitäten informiert der norwegische Verein für Bergwandern (Den Norske Turistforening, Tel. 40 00 18 68, www.dnt.no); er unterhält u. a. auch alle Wanderhütten.
Wassersport: Die gesamte Küste ist ein Traumrevier zum Kajakfahren; „das" Kanuparadies des Nordens ist der Femund.
Wintersport: In den Höhenlagen herrscht Wintersport-Saison von etwa Januar bis April/Mai. Nur die Ostertage sollte man meiden, da dann „halb" Norwegen auf den Pisten unterwegs ist. Mehr als 200 Wintersportorte, darunter drei Dutzend Wintersportzentren von internationalem Zuschnitt, locken. Einen Überblick über die Top-Wintersportorte des Landes bietet www.visitnorway.de. Norwegens Portal für Langlauf ist die Seite http://skisporet.no.

Telefon und Internet

Vorwahl für Anrufe nach Deutschland: 0049, nach Österreich: 0043, in die Schweiz: 0041. Vorwahl für Anrufe nach Norwegen ist 0047, gefolgt von der Teilnehmernummer. **Mobilnummern** erkennt man an der ersten Ziffer, die entweder eine „9" oder eine „4" ist. Roaming-Gebühren fallen keine an. Das gilt auch für mobiles Internet. Fast überall steht ein 4- bzw. 5G-Netz zur Verfügung.

Unterkunft

Das Spektrum der Übernachtungsmöglichkeiten reicht vom kostenlosen Zelten in der freien Natur (siehe „Jedermannsrecht") bis hin zum luxuriösen Fünf-Sterne-Hotel – eine kleine Auswahl findet sich auf den S. 20/21 und den Infoseiten (s. auch oben aufgeführte Preise).
Camping/Hütten: Viele Hundert Campingplätze gibt es; den meisten sind auch preislich günstige Übernachtungshütten angeschlossen (ab etwa 30 €). Zwei Personen zahlen mit Zelt und Auto ab 18 €, mit Wohnmobil ab 25 €.
Jugendherbergen: Die Jugendherbergen in Südnorwegen *(vandrerhjem)* stehen jedem offen und bieten günstige Betten (ab ca. 35 €) und Zimmer sowie Mahlzeiten (ca. 12–25 €); das Frühstück ist oft inklusive (sonst um 8–10 €). Hostelling International Norway, Haraldsheimen 4, 0587 Oslo, www.hihostels.no
Ferienhäuser: Ein Haus für vier bis sechs Personen ist in der Hochsaison ab etwa 600 € pro Woche zu haben. Größter Anbieter ist Norgesbooking (www.norgesbooking.no).
Pensionen: Eine Übernachtung in einer Pension, Gjestgiveri oder Gjestegård gibt es ab etwa 55 € für ein Doppelzimmer (meist mit Bad) inkl. Frühstück. Die günstigsten Unterkünfte verbergen sich hinter Rom, Overnatting oder Værelser – Umschreibungen für Privatquartiere, die oft ein ausgezeichnetes Frühstück servieren.
Hotels: Der Standard ist hoch, die Preise auch (2024 lagen sie im Landesdurchschnitt bei ca. 150 €). Oft gibt es aber Wochenendrabatte sowie ermäßigte Sommerpreise zwischen Mitte Juni und Mitte Aug. Buchungsportale wie www.hrs.de oder www.booking.com lohnen sich meist nicht, da es günstiger ist, selbst online zu buchen.

Preiskategorien

€€€€	Doppelzimmer	über 170 €
€€€	Doppelzimmer	130–170 €
€€	Doppelzimmer	80–130 €
€	Doppelzimmer	unter 80 €

Wetter Oslo

Info

	Tages-Temp. max.	Tages-Temp. min.	Tage mit Niederschlag	Sonnenstunden pro Tag
Januar	2°	-5°	10	1
Februar	-3°	-8°	7	3
März	-1°	-7°	9	4
April	3°	-4°	7	6
Mai	9°	0°	8	7
Juni	16°	6°	10	8
Juli	20°	10°	11	8
August	22°	14°	10	7
September	21°	12°	11	5
Oktober	14°	7°	11	3
November	9°	2°	10	2
Dezember	2°	-2°	9	1

Wetter

Reisezeit: Durch den Golfstrom ist Norwegens Klima trotz seiner Lage weit im Norden überraschend mild. In der Regel sind die Küstengebiete des Landes wärmer, dafür aber regenreicher als das Binnenland. Die beste Reisezeit für Norwegen sind die Sommermonate Mai bis September. Obwohl im Mai teils schon Obstbäume blühen, ist das Meer zum Baden erst im Hochsommer angenehm. Im Juli, wenn auch die meisten Norweger Urlaub im eigenen Land machen, trifft das Gros aller Urlauber ein. Ab Mitte August ist der „Urlaubsrummel" jedoch schon wieder vorbei. Ab Oktober machen sich atlantische Tiefausläufer breit. Die exakteste **Wettervorhersage** bietet www.yr.no; dank der verwendeten Wettersymbole ist sie gut lesbar.

Zoll

Norwegen ist **kein Mitglied der EU:** So dürfen ab 18 Jahren 3 l Wein (bis 22 Vol.%) und 2 l Bier eingeführt werden, ab 20 Jahren alternativ auch 1,5 l Wein, 2 l Bier und 1 l Spirituosen (bis 60 Vol.%). Tabak darf man ab 18 Jahren einführen: 200 Zigaretten oder 250 g Tabak. Weitere Informationen: www.toll.no/en.

Geschichte

Info

8.–4. Jt. v. Chr.: Im Bereich des Oslofjords tritt die Nøstvet-Kultur auf, die bereits das Töpferhandwerk ausübt.
872: Harald I. Schönhaar, erster König norwegischer Nation, vereint die norwegischen Stämme zu einem Reich. Die Besiedlung Islands und Grönlands nimmt ihren Anfang, die nordamerikanische Küste wird entdeckt.
10. und 11. Jh.: König Olav I. Tryggvason versucht die Wikinger unter dem Christentum zu einen.
1015–1028/30: Olav II., der Heilige, fällt als Märtyrer im Kampf für Reich und Christentum und wird später heiliggesprochen. Sein Grab in Trondheim ist im Mittelalter bedeutendste Wallfahrtsstätte des Nordens.
ab 1278: Der Hanse-Handel blüht auf, bringt aber 1349 auch die Pest nach Norwegen.
1387–1814: Norwegen steht unter dänischer Herrschaft und wird praktisch zu einer Kolonie des südlichen Nachbarn.
19. Jh.: Nach den Napoleonischen Kriegen erhält Schweden 1814 im Vertrag von Kiel Norwegen; bis 1905 werden beide Länder in Personalunion regiert.
1905–1918: Norwegen wird 1905 selbstständiges Königreich (Konstitutionelle Monarchie). Es bleibt im Ersten Weltkrieg neutral.
1940–1945: Im Verlauf des Zweiten Weltkriegs erfolgt die Invasion und Besetzung Norwegens durch die Deutsche Wehrmacht.
ab 1969: Große Gas- und Ölvorkommen in der Nordsee werden erschlossen. Norwegen steigt zum reichsten Land Europas und zu einem der reichsten der Welt auf.
1972 und **1994:** Die Norweger sprechen sich 1972 mit 53,5 % und 1994 mit 52,3 % gegen eine Mitgliedschaft in der EWG bzw. in der EU aus.
2007: Norwegen verpflichtet sich, bis 2050 „Null-Emissions-Staat" zu werden.
2019: Oslo ist europäische Umwelthauptstadt.
2022–2024: Von den extrem hohen Preisen für Erdöl und Erdgas sowie Strom profitiert Norwegen in erheblicher Weise.

REGISTER

Fette Ziffern verweisen auf Abbildungen

IMPRESSUM

DUMONT Bildatlas Norwegen Süden, 6. Auflage 2025
ISBN 978-3-616-01232-2

Redaktion: Anna Hildebrandt
Text: Michael Möbius
Exklusiv-Fotografie: Udo Bernhart
Titelbild: lookphotos/ Tobias Richter (Lysefjord vom Kjerag Felsplateau)
Zusätzliches Bildmaterial: S. 3 l. Udo Bernhart, 3 r. Michael Möbius, 35 o. l. laif/ Arcticphoto/Troels Jacobsen; 39 l. Shutterstock/giedre vaitekune, 39 r. huber/ Massimo Borchi; 47 u. mauritius/Alamy/Norimages; 49 mauritius/Science Faction/ Karen Kasmauski; 53 Shutterstock/Franko Photo; 62 u. r. picture-alliance/Stian Lysberg Solum; 64 picture-alliance/dpa/Roland Weihrauch; 65 picture-alliance/ epa/Scanpix/Hydro HO; 71 l. Shutterstock/mariusz.ks, 71 r. huber/Luigi Vaccarella; 98 u. l. mauritius/Brian Gibbs; 115 DUMONT Bildarchiv/Dr. Christian Nowak; 120 l. mauritius/Alamy/Dmytro Sidashev, 120 r. Shutterstock/everst; 121 o. picture-alliance/imagebroker/Astrid Lindhjem, 121 u. l. Shutterstock/Olga Miltsova, 121 u. r. Shutterstock/Rok Vovk
Grafische Konzeption: fpm factor product münchen
Cover Gestaltung, Layout: CYCLUS · Visuelle Kommunikation, Stuttgart
Kartografie: © KOMPASS-Karten GmbH, A-6020 Innsbruck; MAIRDUMONT, D-73760 Ostfildern; Kartografie Lawall D-72669 Unterensingen (Karten für »Unsere Favoriten«)
Reproduktionen: PPP Pre Print Partner, GmbH & Co. KG, Köln

Lob oder Kritik? Wir freuen uns auf eine Nachricht! Trotz gründlicher Recherche schleichen sich manchmal Fehler ein. Wir bitten um Verständnis, dass der Verlag dafür keine Haftung übernehmen kann.
Redaktion DUMONT Reise • MAIRDUMONT • info@dumontreise.de

Anzeigenvermarktung: MAIRDUMONT MEDIA, Tel. 0711/4502-0, Fax 0711/4502-1012, media@mairdumont.com, http://media.mairdumont.com

Printed in Germany

Urlaub erinnern ...

Jeder Urlaub geht einmal zu Ende – was bleibt, sind die Mitbringsel, aber auch die Erinnerungen an Land und Leute, an Aromen und Düfte und an manche Kuriosität.

SONNENAUFGANG DER SUPERLATIVE

Bilder gibt's, die trägt man in sich, ein Leben lang! So erfahren im Rahmen unserer Wanderung auf den Molden (https://ut.no), gerühmt als einer der schönsten Panoramagipfel von Fjordland: Wenn morgens gegen 4.00 Uhr früh der Glutball der aufgehenden Sonne den Himmel über dem Lusterfjord in tiefstem Rot erflammen lässt, weiß man, warum man sich gegen Mitternacht auf den im Sommer niemals dunklen Weg gemacht hat.

NATÜRLICH NATUR

Die Bewunderung für die Natur ist in Norwegen ein lebendiger Bestandteil der nationalen Identität, weshalb sich die Norweger auch so oft wie irgend möglich in ihr aufhalten. Egal zu welcher Jahreszeit, egal bei welchem Wetter. Das sollte ihnen jeder abgucken, dann würde auch jeder auf eine intakte Natur achten.

GANZ GRIEG

Wer einmal dem „Zug der Trolle", „Solveigs Lied" oder der „Morgenstimmung" gelauscht hat, versteht auf Anhieb, warum an Edvard Grieg (1843–1907) die gängigen Norwegenklischees hängen wie Bartflechten an den Bäumen. Seine Werke gelten als in Musik gegossene Natur.

GEWALTIGE WORTE

Henrik Ibsen (1826–1906), der in seinen Dichtungen die konsequentesten Individualisten der dramatischen Literatur schuf, hat einmal behauptet, dass, wer sein Werk wirklich verstehen wolle, Norwegen kennen müsse: „diese großartige und doch strenge Natur, die die Menschen dort umgibt." Überzeugen Sie sich selbst, gern vor und nach Ihrem Urlaub!

NORWEGEN HAUTNAH, ...

... das geht auch zu Hause, sei es am Ohr, am Finger oder Hals, denn was in Juhl's Silver Gallery (Bergen, an der Tyske Brygge) verkauft wird, gilt als das Feinste und Ausgefallenste, was man sich an Schmuck nur vorstellen kann. Die Kollektion „Tundra" ist von Norwegens Natur inspiriert, die „Historiske" von der Wikinger-Vergangenheit.

NORDISCH SÜSS

Das – fragt man Norweger – mit Abstand leckerste Dessert nennt sich passenderweise Trollcreme. Für vier Personen benötigt man dazu etwa einen halben Liter Preiselbeeren. Die werden mit 150 Gramm Zucker sowie einem Eiweiß mit dem Mixer so lange gerührt, bis eine rosarote, steife, aber dennoch luftig aufgeschäumte Masse entsteht.

»WENN DIE VEREINIGTEN STAATEN GOTTES EIGENES LAND SIND, WURDE NORWEGEN ZUMINDEST VOM HEILIGEN GEIST GEZEUGT.«

Bjørnstjerne Bjørnson (1832–1919), erster norwegischer Literatur-Nobelpreisträger (1903) und Verfasser des Textes der Nationalhymne

WOHLIG WOLLIG

Merino-Wolle wärmt, hält den Körper trocken, ist atmungsaktiv, riecht selbst nach mehrmaliger Nutzung nicht, ist angenehm zu tragen und zum klassischen Norwegerpullover verarbeitet obendrein zeitlos chic – ganz anders als Polyester und alle anderen Kunstfasern. Und wenn schon Roald Amundsen bei seiner Polarexpedition zum Südpol 1911 norwegische Wollwäsche von Devold getragen hat, ist das auch heute noch eine Empfehlung.

NORWEGEN IM OHR

Als Musikliebhaber kommen Sie nicht vorbei an www.nordische-musik.de, die allen musikalischen Strömungen des Landes gewidmet ist.

KÄSE, ABER KARAMELLIG

Fisch ist nicht alles, was die norwegische Küche in petto hat. Am speziellsten in der Vielfalt der Käsekreationen ist der Brunost. Dieser „Braunkäse“ strotzt vor Mineralstoffen und Proteinen und schmeckt ganz wunderbar süß-karamellig mit einer sanften Salznote. Nur ein richtiger Käse ist er nicht, weil nicht aus Milch, sondern Kuh-, Ziegen- oder Schafsmolke hergestellt.

LUST AUF MEHR ...

Was wäre der Süden von Norwegen ohne seinen Norden, wo wilde oder liebliche Fjorde mitten hinein in eine von Gletschern bedeckte und mit Gipfeln garnierte Bergwelt reichen? Wo lichtdurchflutete Mittsommernächte locken, vom Nordlicht durchglühte Polarnachttage und mit den Lofoten eines der herausragenden Naturgebiete auf Erden? Sie sind auf den Geschmack gekommen? Dann wagen Sie sich das nächste Mal doch noch weiter gen Norden vor!

SPANIEN NORDEN / JAKOBSWEG

Berge und Wellen
Aktivurlauber sind hier im Glück: Vormittags bergwandern, nachmittags ein Bad im Meer – geht problemlos!

Galicische Küche
Wer Fisch und Meeresfrüchte liebt, ist im Norden Spaniens goldrichtig!

Bilbao
... hat touristisch mächtig aufgeholt, vor allem dank des berühmten Museo Guggenheim Bilbao von Stararchitekt Frank O. Gehry.

www.dumontreise.de

JAPAN

Tokio
Mehr Großstadtfeeling als in Japans Megacity geht nicht!

Heiße Quellen
Ideal nach einer Stadtbesichtigung: ein paar Stunden im Onsen und man fühlt sich wie neugeboren!

Raus in die Natur!
Mit ein bisschen Zeit kann man in das ländliche Japan eintauchen, auf Pilgerwegen wandern und die phantastische Naturvielfalt des kleinen Landes entdecken.

LIEFERBARE AUSGABEN

DEUTSCHLAND

207 Allgäu
216 Altmühltal
220 Bayerischer Wald
180 Berlin
162 Bodensee
217 Brandenburg
175 Chiemgau, Berchtesg. Land
237 Dresden, Sächsische Schweiz
152 Eifel, Aachen
157 Elbe und Weser, Bremen
168 Franken
020 Frankfurt, Rhein-Main
112 Freiburg, Basel, Colmar
231 Hamburg
026 Hannover zw. Harz und Heide
042 Harz
023 Leipzig, Halle, Magdeburg
210 Lüneburger Heide
188 Mecklenburgische Seen
038 Mecklenburg-Vorpommern
033 Mosel
190 München
047 Münsterland
223 Nordseeküste Schleswig-Holstein
006 Oberbayern
161 Odenwald, Heidelberg
035 Osnabrücker Land
002 Ostfriesland
164 Ostseeküste Mecklenburg-Vorpommern
154 Ostseeküste Schleswig-Holstein
201 Pfalz
040 Rhein zw. Köln und Mainz
185 Rhön
186 Rügen, Usedom, Hiddensee
206 Ruhrgebiet
149 Saarland
182 Sachsen
159 Schwarzwald Norden
045 Schwarzwald Süden
018 Spreewald, Lausitz
008 Stuttgart, Schwäbische Alb
239 Sylt, Amrum, Föhr
204 Teutoburger Wald
170 Thüringen
037 Weserbergland

BENELUX

156 Amsterdam
011 Flandern, Brüssel
179 Niederlande

FRANKREICH

177 Bretagne
021 Côte d'Azur
032 Elsass
228 Frankreich Südwesten Okzitanien
240 Französische Atlantikküste
019 Korsika
213 Normandie
235 Paris
198 Provence

GROSSBRITANNIEN/ IRLAND

187 Irland
202 London
189 Schottland
227 Südengland

ITALIEN/MALTA/ KROATIEN/SLOWENIEN

181 Apulien, Kalabrien
211 Gardasee
222 Golf von Neapel, Kampanien
163 Istrien, Kvarner Bucht
215 Italien, Norden
233 Kroatische Adria
167 Malta
155 Oberitalienische Seen
158 Piemont, Turin
014 Rom
165 Sardinien
003 Sizilien
243 Slowenien
203 Südtirol
039 Toskana
232 Venedig, Venetien

GRIECHENLAND/ ZYPERN/TÜRKEI

034 Istanbul
016 Kreta
176 Türkische Südküste, Antalya
229 Zypern

MITTEL- UND OSTEUROPA

236 Baltikum
208 Danzig, Ostsee, Masuren
169 Krakau, Breslau, Polen Süden
044 Prag

ÖSTERREICH/ SCHWEIZ

192 Kärnten
004 Salzburger Land
196 Schweiz
226 Tirol
197 Wien

SPANIEN/PORTUGAL

043 Algarve
214 Andalusien
150 Barcelona
025 Gran Canaria, Fuerteventura, Lanzarote
172 Kanarische Inseln
199 Lissabon
209 Madeira
174 Mallorca
225 Porto, Portugal Norden
241 Spanien Norden, Jakobsweg
219 Teneriffa, La Palma, La Gomera , El Hierro

SKANDINAVIEN/ NORDEUROPA

166 Dänemark
212 Finnland
153 Hurtigruten
029 Island
200 Norwegen Norden
178 Norwegen Süden
151 Schweden Süden, Stockholm

LÄNDERÜBERGREIFENDE BÄNDE

224 Donau – Von der Quelle bis zur Mündung
112 Freiburg, Basel, Colmar
221 Kreuzfahrt auf der Ostsee

AUSSEREUROPÄISCHE ZIELE

183 Australien Osten, Sydney
109 Australien Süden, Westen
218 Bali, Lombok
195 Costa Rica
234 Dubai, Abu Dhabi, VAE
160 Florida
205 Iran
027 Israel, Palästina
242 Japan
230 Kalifornien
031 Kanada Osten
191 Kanada Westen
171 Kuba
238 Marokko
022 Namibia
194 Neuseeland
041 New York Saudi Arabien
184 Sri Lanka
048 Südafrika
012 Thailand
046 Vietnam